새콤달콤한 우리 방언

저자 신승원(sinswon5@hanmail.net)

경북 의성 출생
영남대학교 국어국문학과 학부(1980), 석사(1982), 박사(1997) 졸업(방언학, 음운론)
영남대학교 방언학 강사 역임
대구혜화여고 국어과 퇴임
현재 한국방언연구소 소장

저서 『의성지역어의 음운론적 분화연구』, 2000, 홍익출판사
    『의성지역어의 지리방언학적 고찰』, 2004, 의성군
    『의성군지』, 1998, 의성군(공저)
    『효율적인 언어영역 학습법』, 2001, 소화출판사(공저)
    산문집 『사랑하며 깨달으며 행복하며』, 2013, 한솔사
    『경북 청도지역어의 조사·연구』, 2017, 청도군(공저)
논문 「의성지역어의 음운론적 연구-활용을 중심으로」(1982)
    「영풍지역어의 분화양상」(1990)
    「모음음운현상 설명에 대한 연구(Ⅰ)」(1995)
    「경북 의성지역어의 음운론적 분화연구」(1996)
    「원주지역어 조사 연구의 발전 방안」(2021)
    「언어(고령군)」(2022) 외 다수

새콤달콤한 우리 방언

초판 1쇄 발행 2014년 11월 28일
초판 2쇄 발행 2022년 4월 28일
지은이 신승원
펴낸이 이대현
편 집 이태곤 권분옥 문선희 임애정 강윤경
디자인 안혜진 최선주 이경진 | **마케팅** 박태훈 안현진
펴낸곳 도서출판 역락 | **등록** 제303-2002-000014호(등록일 1999년 4월 19일)
주소 서울시 서초구 동광로 46길 6-6 문창빌딩 2층
전화 02-3409-2058, 2060 | **팩시밀리** 02-3409-2059 | **전자우편** youkrack@hanmail.net
ISBN 979-11-5686-072-3 03710

정가 15,000원
파본은 구입처에서 교환해 드립니다.

새콤달콤한 우리 방언

신승원

역락

함경북도

함경남도

평안북도

평안남도

황해도

강원도

경기도

충청북도

충청남도

경상북도

전라북도

경상남도

전라남도

제주도

머리말

스마트폰의 발달로 이제 조금만 지나면 자기 고장 말을 잊어버리기 쉽다. 자기 고장 말 즉 자기 조상들의 정신이 녹아 있는 방언에는 표준어 이상으로 생동감이 넘치는 말들이 많다. 표준어 함박눈에 대하여 솜눈, 굴근눈, 큰눈, 덩이눈, 영감눈, 송이눈 등으로 다양하게 표현되고 있다.

저자는 경북 방언을 가장 잘 나타내 주는 의성 지역어에서 출발하여, 경상도 방언, 그리고 전국을 단위로 하는 새콤달콤한 우리 방언을 연구하게 되었다. 남북이 갈라진 상태에서 전국을 단위로 하는 방언 연구는 현재로는 거의 불가능한 상태이다. 또한 우리의 의식 속에는 이북의 함경도 방언, 평안도 방언, 황해도 방언, 강원도 방언이 존재하지 양강도 방언, 자강도 방언이 포함된 이들 방언이 존재하지 않는다. 언젠가 남북통일이 이루어진다면 이북 방언을 포함한 전국의 방언을 조사하고 싶다.

다행히 경상사범학교 조선어연구부에서 간행한 전국 방언 연구집(1937년)을 비롯하여 다수의 방언 자료집이 있고, 그 외에 남한 전역을 군 단위로 조사한 한국정신문화연구원 자료집(1987~1995년)이 있어 그런대로 어휘를 엮을 수 있었나.

본래 이 글은 모 신문의 주간지에 76회 분량으로 쓴 것으로 일반 독자들을 대상으로 방언의 아름다움을 알리려고 했다. 할애된 지면의 제약으로 인해 가급적 어려운 학술 용어와 장황한 설명은 피하고 쉽고 간략하게 요점만 나타내고자 했다. 처음부터 출판을 목적으로 깔끔하게 체제가 통일된·기획된 글은 아니다. 저자가 『새콤달콤한 우리 방언』을 쓴 이유는 다음과 같다.

첫째, 제시된 표준어의 어원을 밝히고자 노력했으며, 고형에서 현재형까지의 변화 과정을 문헌을 통해 드러내려고 했다. 가급적 기존 연구의 성과에 힘입어 설명하려고 노력했으나 변화 과정을 밝히는 작업이 그렇게 녹록하지 않았고, 더러는 어원을 정확히 밝힐 수 없는 것도 있었다.

둘째, 표준어에 해당하는 각 방언의 분화를 통해 분화 유형을 고찰해 보고자 하였다. 그것을 통해 개략적으로 전국적인 방언 분화 양상을 설명하고, 더 나아가 분화형 상호 간의 혼효를 언급하여 특이한 분화형이 생성되는 과정을 설명하였다.

셋째, 계절에 알맞은 관련 어휘를 선정하여 우리 주변의 환경 변화와 밀접한 방언 어휘를 소개하고자 했다. 글의 전체적인 전개 방법은 수필 형식을 취하였으며, 그동안 문학저널 및 몇몇 지면을 이용하여 이 책의 핵심적인 내용을 발표한 바 있다.

넷째, 방언을 어학 연구자들의 연구 대상물에서 벗어나 문학을 즐기는 사람들이나 일반인들에게까지 누구나 쉽게 활용할 수 있도록 방언 어휘와 관련된 시조, 속담, 수수께끼, 가사, 민요를 소개함으로써 방언에 대한 친근감을 갖도록 하고자 했다.

방언 어휘는 우리 주변에 있는 친근한 것으로부터 접근해야 한다. 여기에 선을 보인 76개 항에 나열된 방언 어휘들은 기존에 수집된, 전국적으로 산재해 있는 것을 조합하여 설명해 보았다. 그러나 '감기, 도토리, 두더지, 산마루, 부추, 번개, 한가위(한반도 지역 조사 중 주로 황해도 지역이 조사되지 않음)', '미숫가루, 곰팡이, 함박눈, 매미, 헤엄(최근에 남한 전역을 조사한 한국정신문화연구원 자료집에 없음)'이 빠져 있어서 연구하는 데 어려움이 다소 있었다.

진리는 먼 곳에 있는 것이 아니라 우리 주변에, 아니 우리가 늘 쉽게 쓰고 있는 고향 말에 있다. 우리 조상의 정신이 녹아 있는 자기 고향 말을 잘 갈고닦아 쓰면 정감이 나고 그 결과 나 자신에 대해 좀 더 깊이 알 수 있다. 요즘 한류가 전 세계로 뻗어 나가고 있다. 우리 방언의 일부인 자기 고향 말에 대한 자긍심을 갖고 당당하게 어깨를 펴고 사용하자. 그리고 청마의 기상을 지니고 역동적으로 살아가자.

"가장 지역적인 것이 가장 세계적이다." 역설적으로 들릴지 몰라도….

2014(갑오)년 가을날에
신승원 씀

차례

① * 재구형

문헌상에는 나타나지 않으나 음운 변화 과정에 대한 설명의 편의를 위해 만든 어형

예) 움물*>우믈>우물(井)

② : 장음 표시

예) 놀: (霞)

③ 도별로 어휘를 배열해 놓았으며 좌측의 것이 많이 사용하는 어형이고, 우측으로 갈수록 적게 사용하는 어형이다.

예) 경북 기레기, 기리기, 기러기(雁)

④ ( )는 경우에 따라 나타나거나 생략되는 것을 의미한다.

예) 대(:)치- 대치, 대:치(木蜜)   솔:개(이)- 솔:개, 솔:개이(鳶)

⑤ >, < 통시적인 변화

예) a>b>c 또는 c<b<a (a는 고대형이고 b, c로 갈수록 후대형임).

예) 도리개>도리째>도리깨(枷), '도리개'가 고대형이고 '도리째', '도리깨'는 시

차를 둔 후대형임

(單)홀<ᄒᆞ올<ᄒᆞᄫᆞᆯ, 'ᄒᆞᄫᆞᆯ'이 고대형이고 'ᄒᆞ올', '홀'은 시차를 둔 후대형임.

⑥ 이 책에 사용된 고문헌의 자료는 유창돈(1974)『이조어 사전』, 홍윤표 외(1996)

『17세기 국어사전』, 박재연 외(2010)『필사본 고어대사전』, 심재완(1972)『교본역

대시조 전서』, 박을수(1992)『한국시조대사전』, 김흥규 외(2012)『고시조대전』

등을 참고하였다.

⑦ 고문헌의 작자 및 간행(필사) 연도는 한민족문화대백과, 두산백과 등을 근거로

하여 작성하였다.

어휘의 출처를 표기할 때는 원문에 번호를 붙이고 하단에 각주를 다는 것을 원

칙으로 했다.

예) 진둘의(杜鵑花) : 훈몽자회(1527년) 상권 7쪽.

그러나 고어사전에 등재되지 않은 특정 어휘의 경우, 어휘 정보를 < > 안에 기

재된 출처에서 확인했다.

예) 진둘위(杜鵑花) : 훈몽자회(1527년) 상권 4쪽. <김민수 외(1997), 『우리말 어원

사전』 971쪽 참고.>

가지

언젠가 단풍을 보러 팔공산에 갔다가 산속에 외롭게 선 키 큰 감나무에 주렁주렁 붉은 감이 달려 있는 것을 보았다. 감나무 잎은 별로 없고 탐스러운 알맹이만 가지에 대롱대롱 달린 모습은 한 폭의 가을 수채화였다. 신이 우리에게 주신 탐스러운 선물을 보는 것만으로도 마음의 풍요를 가져다준다.

묵묵히 자신의 자리를 지키는 파수꾼처럼 하늘을 향해 팔을 벌리고 서 있는 나무의 가지(枝)에 대해 살펴보자.

'가지'의 고어는 '가지1)'로 나타난다. 고어의 시대별 변화 과정이 나타나지 않기 때문에 현재의 자료를 이용하여 그 어원을 분명하게 밝히기에는 한계에 부딪힌다.

---

1) 석보상절(1447년) 제6권 30쪽.

표준어 가지의 전국적인 방언 분화형을 제시해 본다.

함북 까지, 아치, 가지, 아지
함남 까지, 아치, 아지, 아카지, 아두래기
평북 아지, 가장구, 아장구, 아장이
평남 가지, 가장구, 아지, 아쟁이
황해 가지, 가치
강원 가지, 아지, 아치
경기 가지, 가장구, 가장귀
충남 가지, 까지, 갈구지
충북 가지, 까지
경북 가제이, 가지, 까지
경남 까지, 까재이, 가지, 가재이
전북 까지, 가쟁이, 가지
전남 까지, 가지, 가쟁이
제주 가쟁이, 가지

이상의 자료를 통하여 가지의 방언형을 가지계 어형(가지, 까지), 아지계 어형(아지, 아치), 가장구계 어형(가장구, 가장귀), 가쟁이계 어형(가쟁이, 가재이, 가제이, 까재이), 아장이계 어형(아장이, 아쟁이), 아장구계 어형(아장구)으로 분류할 수 있다.

특히 관심을 끄는 것은 강원도 지역을 경계로 그 이남 지역에서는 가지계 어형이, 그 이북 지역에서는 아지계 어형이 우세하게 드러난다는 점이다.

정선아리랑 가사집에 보면 '꽃을 보면은 곱기는 고운데 가지가 높아서 꺾지를 못하겠네'라는 구절에서는 강원도에서 가장 빈번하게 사용되는 방언형과 동일한 '가지'로 나온다.

가지와 관련된 속담으로는 다음과 같은 것들이 있다.

- 가지가 뻗으면 뿌리도 뻗는다.(같은 환경에서는 다 같이 번영됨.)
- 가지가 줄기보다 더 클 수는 없다.(부분이 근본보다 더 클 수는 없음.)
- 가지 높은 나무가 바람도 더 탄다.(자식이 많은 사람은 수고를 더 하게 됨.)
- 가지 많은 나무가 바람 잘 날 없다.(자식이 많은 사람은 편할 날이 없다는 뜻)

여기서 가지는 '같은 환경 · 부분 · 자식'의 뜻으로 사용되었다.

감기

우리나라 방언에 '개좆대가리'가 있다. 차마 입에 담기조차 거북한 말이지만, 무슨 뜻인고 하니 겨울철의 불청객인 감기(感氣)를 말한다. 우리는 좋지 않는 것을 말할 때 개를 많이 응용한다. 개 같은 놈, 개수작, 개좆같다 등이 있는데, 팔자가 좋은 애완견처럼 사랑을 받는 개도 있지만 팔자가 고약한 개는 말에서도 천대를 받고 있다.

표준어 '감기'는 고어로 '곳블¹⁾'이 나오는데, 그 어원은 명사 '고ㅎ(鼻)'+사잇소리 'ㅅ'+명사 '블(火)'로 '곳블>고쁠>고뿔'로 변한 것이다. 감기가 들면 보통 코가 막히고 열이 나며 머리가 아픈 증상이 나타나는데, 옛사람들은 이들 증상 중에서 코에

---

1) 분문온역이해방(1542년) 4쪽.

열이 나는 것을 가장 두드러진 특징으로 여겨 코의 불을 감기로 본 것이 재미있다.

표준어 감기의 전국적인 방언 분화형을 살펴보기로 한다.

함북 강기, 숭감, 행불, 수난이, 시렝이
함남 순감, 숭감, 윤감, 수난이, 수낭이
평북 강기, 곱불
평남 강기, 곱불
황해 ×
강원 강기, 순증, 고뿔
충북 강기, 감기, 고뿔, 개조뿌리
경북 강기, 감기, 감환, 고뿔, 개뿔
경남 강기, 감기, 고뿔, 개때가리, 개조따가리, 개진머리, 개지뿌리
전북 강기, 감기, 개조뿌리, 개주뻐리, 개조버리, 개지뻐리
전남 개좃대가리, 개줏대가리, 개전머리, 개존머리, 개진머리, 개조부리, 개조뻐리, 개조푸리, 개주뻐리, 개지뻐리, 개지뿌리, 개지꼽자구, 개지꼽자구, 고뿔, 고풀
제주 강기, 고뿔

제시된 방언 분화형을 유형별로 나누어 보면, 감기계 어형(감기, 강기), 고뿔계 어형(고뿔, 곱불, 고풀), 숭감계 어형(숭감, 순감),

수난이계 어형(수난이, 수낭이), 개(좆)대가리계 어형(개좆대가리, 개
줓대가리, 개조따가리, 개때가리), 개좆머리계 어형(개존머리, 개전머
리, 개진머리), 개좆부리계 어형(개조뿌리, 개주뻐리, 개조버리, 개지뻐
리, 개지뿌리, 개조부리, 개조푸리), 개좆곱자구계 어형(개저꼽자구, 개
지꼽자구) 등으로 나타난다. 이들 어형 중 감기, 고뿔, 숭감, 수난
이계 어형을 제외하면 개좆과 관련된 고약한 어형들이다.

감기와 관련된 속담으로는 다음과 같은 것들이 있다.

- 감기 고뿔도 남 안 줄 놈이다.(몹시 인색하고 재물을 아낀다.)
- 감기는 밥상머리에 내려앉는다.(감기는 먹어야 빨리 낫는다. 또는 감
  기 앓는 사람이 밥상을 받고 환자답지 않게 잘 먹는다.)
- 감기 고뿔도 제가끔 앓으랬다.(좋은 일이건 궂은일이건 간에 각자가
  저마다 독자적으로 해야 할 필요가 있음을 이르는 말)

개구리

개울가에서 개구리를 잡던 어린 시절이 불현듯 생각난다. 도시에서는 개구리 울음소리를 좀처럼 듣기가 어렵다.

표준어 '개구리(蛙)'의 고어는 '개고리[1]'로 되어 있는데, 이것은 '개골(소리시늉말)'의 어근에 접미사 '이'가 붙어서 만들어진 단어이다.

표준어 개구리의 전국적인 분화 양상은 아래와 같다.

　함북 메구락지, 멜구락지, 머구락지, 개구락지
　함남 개구락지, 메그락지, 먹재기, 머구리
　평북 맥장구, 맥자구, 먹장구, 먹장기
　평남 맥장구, 맥자구, 먹자구, 먹자기

---

1) 신증유합(1576년) 상권 15쪽.

황해 먹자구, 먹장구, 개고리, 개구락지
강원 깨구리, 개고리, 먹저구리, 먹자구
경기 깨구리, 개고리, 개고리, 개구래기
충남 깨구리, 깨구락지, 깨고락지, 깨고래기
충북 깨구리, 깨고락지, 깨구락지, 개구리
경북 깨구리, 깨구래이, 개고리, 깨고락지
경남 깨구리, 깨고리, 개구리
전북 깨구리, 깨고리, 깨구락지, 깨고래기
전남 깨고락지, 깨오락지, 개구락지, 개골태기
제주 갈개비, 가개비

유형별로 살펴보면 평북·평남의 먹장구계 어형, 함북·함남의 머구리계 어형과 개구리계 어형의 혼재, 황해·강원의 개구리계 어형과 먹장구계 어형의 혼재, 경기·충남·충북·경북·경남·전북·전남의 개구리계 어형, 그리고 제주의 갈개비계 어형으로 크게 나누어진다.

개구리와 관련된 속담을 살펴보면 '우물 안 개구리다'를 비롯하여 주로 어리석은 사람을 비유하는 뜻으로 쓰인다.

- 어정뜨기는 칠팔월 개구리다.(아무런 목적 없이 서성거림)
- 개구리 징검다리 건너듯 한다.(힘써 조심스럽게 하는 일)

- 개구리 쉬어간 자리다.(아무 흔적도 남지 않음.)
- 성난 개구리 바위 받기다.(홧김에 감정적으로 하는 일을 손해만 봄.)
- 개구리에게 헤엄 가르치다.(자기보다 유식한 사람을 가르치려 함.)
- 개구리 중에도 수채 개구리다.(못난 사람 중에서도 가장 못난 사람을 비유함.)

주옹(周翁) 안민영(1816~1885년)[2]이 쓴 시조에서 표준어 '개구리'는 '개고리'로 나온다. 살이 쪄서 동작이 느린 해오라기 앞에서는 당돌하게 행동하다가 해오라기가 나니까 감쪽같이 사라진 개구리의 처신을 볼 수 있다.

개고리 저 개고리 득득쟁약(得得爭躍)하는 곁에
해오리 저 해오리 수수불비(垂垂不飛)하는구나
추풍(秋風)에 해오리 펄쩍 나니 개고리 간 곳 업서 하노라.

● 개구리들이 펄쩍펄쩍 다투어 뛰는데,/ 해오라기는 느릿느릿 걸으며 날지 못하네./ 추풍에 해오라기가 펄쩍 나니 개구리는 흔적도 없이 사라졌구나.

---

2) 송방송(2012), 『한겨레음악대사전』 참고.

거울

　누군가 얼굴은 마음의 거울(鏡)이라고 했던가. 매일 부스스한 얼굴로 옷매무새를 보려고 거울 앞에 설 때마다 우리는 자신의 초상을 본다.

　표준어 '거울'의 고어는 '거우루[1]'로 나타난다. 후일 '거우루＞거우로[2]＞거올[3]＞거울'로 변화되었다.

　이 어휘의 어원에 대해서는 현재 정확하게 확정할 수 있는 단계는 아니나, 크게 2가지로 주장한다. 하나는 거스르다(逆)의 어간 '거스르＞거스르＞거으르＞거울'로 변했다는 것인데, 거울에는 사물의 형상이 거꾸로 나타나는 근거에 의거해서 이렇

---

1) 능엄경언해(1462년) 제7권 14쪽.
2) 두시언해(1481년) 초간본 제21권 41쪽.
3) 백련초해(간행 연도 미상) 13쪽.

게 설정을 한 것이다. 다른 하나는 명사 어근 '걸(銅)'+접미사 '울'이 합쳐진 '걸울>거울'로 변했다는 것인데, 어근 '걸'은 구리(銅)의 굴과 같은 어원으로 생각한 것이다.

후자의 분석이 더 설득력을 띠나 어휘의 변화 과정에 문제점이 발견되기 때문에, 어원 분석에 좀 더 깊이 있는 연구가 필요하다.

표준어 거울의 전국적인 방언 분화형을 살펴보기로 한다.

함북 세경, 섹경, 쇠껭, 게울
함남 섹경
평북 세경, 섹경, 새깡, 쇠껭, 게울
평남 세경, 새깡, 세껭, 게울
황해 섹경, 세경, 세껭, 게울
강원 섹겡, 세껭, 밍경, 거울
경기 섹경, 거울, 쇡경, 쉑경,
충남 섹경, 민경, 거울, 쇡경
충북 섹경, 민경, 밍경, 식경, 거울
경북 식경, 섹경, 밍경, 밍경, 치경
경남 멘겡, 민경, 섹겡, 체겡, 거울
전북 섹경, 민경, 거울, 치경
전남 섹겡, 겨울, 민경, 치경

제주 섹경, 멘경, 거울

제시된 자료를 통하여 거울의 방언을 쇠경계 어형(쇡경, 쉑경, 쇠겡, 섹경, 색경, 섹겡, 섹경, 세경, 세겡, 식경, 식겡, 새깡), 면경계 어형(멘겡, 민경, 밍경, 민경 밍겡), 거울계 어형(거울, 게울, 겨울), 체경계 어형(체겡, 치경)으로 분류할 수 있다.
관련 속담으로는 다음과 같은 것들이 있다.

- 거울도 뒤는 못 비춘다.(학자라 할지라도 모르는 것은 있음.)
- 거울도 앞뒤가 있다.(모든 일에는 질서가 정연히 있음.)
- 거울 속의 미인이다.(겉만 좋고 아무 실속이 없다는 뜻)

관련 고시조로는 선석(仙石) 신계영(1577~1669)이 지은 탄로가가 있다.

사람이 늙은 후에 거우리 원쉬로다
마암이 져머시니 녜 얼굴만 녀겻더니
셴 머리 씽건 양자(찡그린 모습)보니 다 죽어만 하야라

● 사람이 늙으면 거울이 원수로다./ 마음이 젊어 옛 얼굴만 생각하다가,/ 흰머리 찡그린 모습을 보니 다 죽어 가나 보다.

고드름

'겨울' 하면 떠오르는 이미지를 들자면 뭐니 해도 펄펄 날리는 함박눈과 아래로 쭉쭉 뻗어 내려간 고드름이 제격일 것이다.

'거꾸로 자라는 것은?', '밑으로 자라는 것은?', '추우면 늘어나고 더우면 오그라지는 것은?' 같은 수수께끼를 비롯하여 어릴 때 부르던 동요 '고드름 고드름 수정 고드름' 등에서 고드름은 동심을 자극하는 소재로 등장해 우리에게 친숙하다.

표준어 '고드름(懸氷)'의 고어는 '곳어름'[1]으로 나타난다. 이로 보아 고드름의 어원은 명사 '곳(氷)'과 명사 '어름(氷)'이 합성되어 만들어진 단어 '곳어름＞곧어름*＞고더름*＞고도름[2]＞고드

---

1) 역어유해보(1775년) 6쪽.
  한청문감(1779년) 제1권 14쪽.

름'으로 변했음을 알 수 있다. 그러나 곳어름을 보지 못한 사람들은 형용사 어근 '곧-(直)'과 명사 '어름(氷)'의 합성으로 보는 잘못을 저지를 수가 있다.

표준어 고드름에 대한 전국적인 방언 분화형을 제시해 본다.

함북 고도리, 고조리, 고주럼
함남 고주러미, 고두레미, 고조름, 고주럼, 고두럼
평북 기수새얼음, 얼음꼬치, 고조리, 고두름
평남 징갱이, 고드램
황해 고드래, 고더름, 고지
강원 드래미, 곤드래미, 고즈름, 고지름
경기 고드럼, 고두롬, 고두름
충남 고두룸, 고두름, 고드룸, 고두래미
충북 드래미, 곤드라미, 고두룸
경북 고드럼, 고드룸, 고더름, 고두레미
경남 고두룸, 고두럼, 고드럼, 고더름
전북 고두룸, 고도롬, 고두름, 고도름
전남 고두룸, 고더름, 고조리, 고두름
제주 동곳, 동곧

---

2) 광물보(19세기 초에 필사) 제1권 지도 5쪽, <박재연 외(2010), 『필사본 고어대사전』 제1권 348쪽 참고.>

우리의 눈길을 끄는 단어는 제주도의 '동곳'인데 풀이하면 동(凍)과 얼음(氷)의 합성어로 언 얼음이라는 뜻이고, 평북 지역의 얼음꼬치는 얼음꼬챙이라는 의미이다. 제시된 분화형을 통하여 '동곳, 얼음꼬치, 기수새얼음, 징갱이' 어휘를 제외한 여타 어휘들은 모두 고드름계 어형으로 묶을 수 있다.

고드름계 어형에 속한 개별 어휘들은 각각에 적용된 음운규칙(음운변화, 자음과 모음의 첨가·동화·탈락 현상)으로 모두 설명할 수 있으나, 너무 많은 설명이 요구되기에 여기서는 생략하겠다. 다만 한 가지만 언급하면 황해도 지역의 독특한 어휘 '고지'는 인접한 강원도 지역의 '고지름'과 대비해 보면 말음절 '름'이 탈락되었음을 알 수 있다.

관련 속담으로는 다음과 같은 것들이 있다.

- 고드름에 초장 친 맛이다.(얼음에 초장칠을 한 맛과 같이 몹시 싱겁다는 말)
- 싱겁기는 고드름장아찌라.(매우 멋쩍고 싱겁기만 하다는 말)

고양이

요즘은 먹을 것이 많아서 그런지 교정의 한 모퉁이에는 집을 뛰쳐나온 야생 고양이(猫)들이 더러운 쓰레기 더미 속에서 먹을 것을 뒤적이고 있는데, 이놈들 모두 살이 통통하게 올라 있다. 고양이의 고어는 '고니'[1]로 나타난다. 후일 '고니>고이*> 괴[2]'로 변하였다. 고양이는 명사 어근 '고니'+접미사 '앙이'로 분석되기 때문에 단어 구성상으로 볼 때 파생어에 해당한다.

표준어 고양이의 전국적인 방언 분화형을 제시해 본다.

함북 고얘, 공얘, 고내, 고내
함남 고얘, 공얘, 고얘, 고내이

---

1) 최창렬, 『어원사전』, 미간행 자료집 참고.
2) 능엄경언해(1462년) 제8권 122쪽.

평북 고내이, 고냉이, 과이, 광이
평남 고내이, 괭이
황해 괘이, 괭이, 고내이
강원 고냥이, 고냉이, 고이
경기 괭이, 고냉이, 고이, 고양이
충남 괭이, 고이, 기애이
충북 괭이, 고냉이, 고이
경북 괴네기, 고에이, 고네기, 겡이, 살찌이
경남 갱이, 괭이, 개냉이, 개내구, 애옹구
전북 괭이, 귀양이, 고양이
전남 괴대기, 굉이, 괴, 귀앵이
제주 고냉이, 고넹이, 고내이, 궤

    나열된 자료를 통하여 고양이의 방언을 고냥이계 어형(고냥
이, 고냉이, 고넹이, 개냉이, 고내이, 고네기, 괴네기, 개내구, 괴대기, 고
내, 고내), 고양이계 어형(고양이, 고에이, 고애, 공애, 고애, 귀양이, 귀
앵이, 기애이), 광이계 어형(광이, 괭이, 굉이, 갱이, 겡이, 과이, 괘이),
고이계 어형(고이, 괴, 궤), 살찌이계 어형(살찌이), 애옹구계 어형
(애옹구) 등으로 분류할 수 있다.
    분포상으로 볼 때는 고냥이계 어형이 고양이계 어형보다 훨
씬 넓게 나타나므로, 전자가 후자보다 고형임을 알 수 있다.

관련된 속담은 무수히 많으나 이 중에서 몇 개만 들어본다.

- 고양이가 게 껍질 버리듯 한다.(반갑지 않은 것을 주었을 때 버림.)
- 고양이가 얼굴을 씻으면 비가 온다.(농촌에서 고양이의 동작을 보고 비 올 것을 알 수 있음.)
- 고양이도 제 똥은 덮는다.(자기가 저지른 잘못은 자신이 처리하지 않으면 안 됨.)
- 고양이 덕은 알아도 며느리 덕은 모른다.(고양이가 쥐를 잡아주는 고마움은 알아도 며느리가 시어머니께 잘해주는 것은 모른다는 말)

고추

책을 보다가 '당가지'란 낯선 단어를 보았다. 당가지라? 분명히 당은 나라 이름일 것이고 가지는 채소의 일종인 가지라고 생각되는데, 당나라 가지는 어떤 채소를 의미하는 것인가? 아무리 생각해도 얼른 해답이 떠오르지 않는다. 한참 만에야 당가지는 고추의 방언이라는 것을 알아내었다.

고추(苦椒)는 가지과에 달린 한해살이풀로서, 중부아메리카가 원산지이다. 우리나라에는 조선시대 때 전래되었다.

고추의 고어로는 '고쵸'[1]가 가장 오래되었는데, 그 후 '고쵸>고초[2]>고추'로 변화되었다. 일설에 의하면 한자어 '고초(苦草)'에 어원을 두는 경우도 있다. 그러나 고추의 다른 명칭인

---

1) 훈몽자회(1527년) 상권 12쪽.
2) 물명유고(1824년) 제3권 필사본 24쪽.

후추는 '호초(胡椒)'에서 변한 것으로 보아, 어원을 고초에 두는 설명 방식은 설득력이 떨어진다.

표준어 고추의 전국적인 방언 분화형을 제시해 본다.

함북 고치, 고추, 당치, 당개지
함남 댕가지, 댕개지, 댕거지, 고치, 당취
평북 댕추, 댕가지, 꼬추
평남 당추, 댕추, 댕가지, 당가지, 후추
황해 당추, 고추
강원 고치, 당초, 댕가지
경기 고추, 당추
충남 꼬추, 고치, 고추
충북 꼬추, 꼬치, 고치
경북 꼬치, 고치, 꽁치, 꼬추
경남 꼬치, 고치, 꼬추
전북 꼬치, 꼬추, 고치
전남 꼬치, 고치, 꼬추
제주 고치, 고초, 고추

이상의 분화형에서 고추계 어형(고추, 고치, 꼬추, 꼬치, 꽁치), 당추계 어형(당초, 당추, 당취, 당치, 댕추), 당가지계 어형(당가지, 당개지, 댕가지, 댕거지, 댕개지), 후추계 어형(후추)으로 분류할 수 있다.

고추계 어형은 전국적인 분포를 보이는 반면에, 당추계·당가지계 어형은 중북부 방언에만 나타나서 좋은 대조가 된다. 분포 지역이 넓은 것으로 보아, 고추계 어형이 이들 어형보다 더 일찍 사용되었음을 알 수 있다.

고추와 관련된 속담으로는 다음과 같은 것들이 있다.

- 고추나무에 그네를 뛰고 잣 껍질로 배 만들어 타겠다.(사람으로서는 할 수 없는 괴상망측한 짓을 함.)
- 고추는 마른 고추가 더 맵다.(뚱뚱한 사람보다 마른 사람이 더 독하다.)
- 고추밭에 말달리기다.(심술이 많은 사람이 심술궂은 짓을 함.)
- 고추 당초 맵다 해도 시집살이만치 맵지 않다.(옛날 시집살이하기가 매우 힘들었다는 뜻)

곰팡이

곰팡이(黴)는 살아 있는 생물체에서 기생하여 유기화합물을 섭취하는 기생 곰팡이와 죽은 동식물이나 배설물에서 중간분해생성물인 유기화합물을 섭취하는 부생(腐生) 곰팡이로 크게 나누어진다.

전자는 병원성(病原性) 곰팡이라 할 수 있다. 농작물에 피해를 주는 도열병균·깜부기균 등이 있고, 사람이나 동물체에 피해를 주는 백선균·칸디다(모닐리아)균 등이 있다. 후자는 균사에서 분비되는 효소·곰팡이 독으로 음식은 물론, 목재·가죽·섬유·종이 등으로 만든 제품뿐만 아니라 손때가 묻은 렌즈나 금속 제품을 손상시킨다.

이상과 같이 곰팡이는 사람에게 많은 해를 주지만, 우리 생활에 이용되고 있는 것도 꽤 많다. 옛날부터 한국을 비롯하여 중국·일본 등에서는 된장·간장·식초·술 등의 양조 식품을 만드는 데 누룩곰팡이의 균사에서 분비되는 녹말 분해 효소·단백질 분해 효소를 이용하고 있다.

곰팡이의 고어는 '곰'[1]으로 나타난다. 어원을 분석해 보면, 명사 어근 '곰(菌)'에 접미사 '팡이(<방이(虫))'가 결합되었으므로, 단어 구성상으로 볼 때 파생어이다. 우리가 현재 사용하는 단어는 '곰방이>곰팡이'로 변화를 겪었다.

표준어 곰팡이의 전국적인 방언 분화형을 살펴보기로 한다.

함북 곰패:, 곰태:, 곰태기
함남 곰패:, 곰태기, 곰지, 곰치, 곰탕이
평북 곰탱이, 곰팡이
평남 곰탱이, 곰패이
황해 곰패이, 곰탱이
강원 곰파이, 곰패이, 곰패:, 곰탱이, 곰지
경기 ×
충남 곰파이, 곰패이
충북 곰파이, 곰패이
경북 곰파이, 곰패이, 곰사구, 곰세기
경남 곰파이, 곰패이, 곰세기

---

1) 역어유해(1690년) 상권 53쪽.

전북 곰파이, 곰패이
전남 곰패이
제주 곰생이, 곰셍이

    제시된 분화형을 통하여 곰팡이계 어형(곰팡이, 곰파이, 곰패이, 곰패:), 곰탕이계 어형(곰탕이, 곰탱이, 곰태:, 곰태기), 곰지계 어형(곰지, 곰치), 곰생이계 어형(곰생이, 곰셍이), 곰사기계 어형(곰세기, 곰사구)으로 분류할 수 있다.

굼벵이

우리 일상은 쉴 새 없이 빠르게 지나가 버리는데, 차들은 거의 항상 굼벵이 걸음인 듯하다.

동의보감에 의하면 굼벵이는 성질이 약간 차고 맛이 짜며 독이 있다. 악혈(惡血), 어혈(瘀血), 비기(痺氣, 양기가 허하여 속에 찬 기운이 성하여, 혈이 잘 돌지 못하여 기혈이 막힘), 눈에 생긴 군살, 청예(靑瞖, 안질의 한 종류), 백막(白膜, 눈알의 바깥벽을 둘러싸고 있는 흰 섬유막), 뼈가 부스러졌거나 부러졌거나 삔 것, 쇠붙이에 다쳐 속이 막힌 것을 치료하고 젖이 잘 나오게 한다.

표준어 '굼벵이(蟣蟠)'의 고어는 '굼벙[1]'이다. 이것의 변화를 보면 '굼벙 > 굼벙이[2] > 굼벵이'로 되었다.

---

1) 훈민정음해례(1446년) 26쪽.
2) 구급방언해(1466년) 하권 6쪽.

표준어 굼벵이의 전국적인 분화형은 다음과 같다.

함북 굼베지, 굼베(이), 금베지
함남 굼베지, 굼베(이), 굼버지
평북 굼벙이, 굼베이, 굼붕이
평남 굼베지, 굼베이, 굼붕이
황해 굼베이, 굼베:, 굼벵이
강원 굼베이, 굼벵이, 굼빙이
경기 굼벵이, 굼베이, 굼붕이, 굼뻉이
충북 굼벵이, 굼베이, 굼빙이, 금빙이
충남 굼벵이, 굼빙이, 굼베이
경북 굼베이, 굼벵이, 굼빙이
경남 굼배이, 굼비이, 굼부리, 구두리
전북 굼벵이, 굼빙이, 굼베이
전남 굼뱅이, 굼벙이, 굼배이
제주 굼벵이, 굼베이, 굼버이

이상의 자료에서 굼베지계 어형이 나타나는 함북, 함남, 평남 지역이 특이하고, 그 외 대부분의 지역은 굼벵이계 어형으로 실현된다. 경남 지역에 나타나는 '굼부리'는 '굼비이'와 '구두리(구더기)'의 혼효형(混淆形)이다.

굼벵이를 소재로 한 속담으로는 다음과 같은 것들이 있다.

- 일에는 굼벵이고 먹는 데는 돼지다.(일은 잘하지 않는 놈이 먹기는 남보다도 많이 먹음.)
- 굼벵이도 벽을 뚫는다.(느린 사람도 쉬지 않고 꾸준히 일을 하면 무슨 일이나 할 수 있음.)
- 굼벵이도 뒤집는 재주는 있다.(못난 사람이라도 한 가지씩의 특기는 있음.)
- 굼벵이도 제 일 할 때는 한 길을 판다.(누구나 자기 일을 할 때에는 삯꾼보다 더 많은 능률을 올림.)
- 굼벵이도 변하면 매미 된다.(못난 사람도 노력하면 성공할 수 있음.)

청구영언에 '굼벵이'가 등장하는 고시조가 있다. 미천한 선비가 출세하여 관직에 올라 위세를 부리지만, 높은 벼슬 이면에는 위험이 도사리고 있음을 경고하는 내용이다.

굼벙이 매암이 되야 느래 도쳐 나라 올나
노프나 노픈 남게 소릐는 됴커니와
그 우희 거믜줄 이시니 그를 조심하여라

● 굼벵이가 매미가 되어 날아올라/ 높은 나무에서 노래를 부르나/ 나무 위에 거미줄이 있으니 조심하여라

귀뚜라미

'울 밑에 귀뚜라미 우는 달밤에'로 시작하는 동요가 있다. 이 노래는 너무나 애잔하여 조금만 불러도 가슴이 아려온다.

표준어 '귀뚜라미(蟋蟀)'의 고형은 '귓돌와미[1]'로 나온다. 어원을 따져 보면, 어근 '귓돌(소리시늉말)'에 접미사 '아미'가 결합된 단어이다. 그것의 변화 과정을 살펴보면, '귓돌와미 > 귓돌와미[2] > 귓돌아미[3] > 귓도라미[4] > 귀쏘람이[5] > 귀쓰람이[6] > 귀뚜라미'로 변화되었다.

표준어 귀뚜라미의 전국적인 분화형은 다음과 같다.

---

1) 능엄경언해(1462년) 8권 121쪽.
2) 두시언해 초간본(1481년) 20권 47쪽.
3) 두시언해 초간본(1481년) 7권 36쪽.
4) 훈몽자회(1527년) 상권 23쪽.
5) 물보(1802년) 비충.
6) 한영자전(1897년) 282쪽.

함북 귀뚜리, 끼뚜래미, 설쌴
함남 귀뜨래미, 귀뚜리, 설쌴, 씨씨리
평북 씩새리, 꾸뚜라미, 귀뚤기, 귀뚜리
평남 씩새리, 꾸뚜라미, 귀뜨리
황해 귀뚜래미
강원 귀따라미, 기또래미, 귀뜨래미
경기 귀뚜래미, 구뚜라미
충북 귀뜨래미, 귀뚜래미, 귀뚜리
충남 귀뜨래미, 귀뚜러미, 귀때래미, 귀뚜리
경북 뀌따라미, 귀따라미, 끼따래미
경남 끼뜨라미, 기또래미, 질지리, 꼴도래미
전북 귀또래미, 뀌뚜래미
전남 뀌뚜래미, 귀뜨래미, 기뜨라미, 기뚜리
제주 공제이, 공중이, 공주이

어형들이 귀뚜라미의 울음소리만큼이나 많아서 어지럽다. 우선 크게 분류하면 귀뚜라미계 어형, 귀뚜리계 어형, 씩새리계 어형, 설쌴계 어형으로 나눌 수 있다.

귀뚜라미를 소재로 다룬 속담으로는 다음과 같은 것들이 있다.

- 빨리 알기는 칠월 귀뚜라미다.(음력 7월만 되면 귀뚜라미는 가을 소식을 미리 알려 주듯이, 영리하고 눈치가 빠른 사람을 비유하는 말)
- 귀뚜라미는 칠월에는 들녘에서 울고, 팔월에는 마당에서 울고, 구월에는 마루 밑에서 울고, 시월에는 방에서 운다.(귀뚜라미는 가을철 기온에 따라 장소를 옮기며 울 듯이, 일은 환경에 따라 알맞게 해야 이루어진다.)
- 귀뚜라미 풍류(風流)하겠다.(논에 김을 매지 않아서 귀뚜라미 놀이터가 되듯이, 게으른 사람이 논에 김을 매지 않은 것을 비꼬는 말)
- 귀뚜라미가 울면 게으른 여인이 놀란다.(귀뚜라미가 울면 많은 노동이 들어가는 길쌈을 하는 철이 되었다는 말)

청구영언에 보면 귀뚜라미가 등장하는 고시조가 실려 있다. 여기에서 쓰인 '귀쏘리(귀또리)[7]'는 어근 '귓돌'에 접미사 '이'가 연결되어서 만들어진 것이며, 후일 '귀뚜리'로 변형되어 각 지역의 방언에 등장하고 있다.

귀쏘리 져 귀쏘리 어엿부다 져 귀쏘리
어인 귀쏘리 지는 둘 새는 밤의 긴 소리 쟈른 소리 節節(절절)이 슬픈 소리 제 혼자 우러 녜어 紗窓(사창) 여윈 줌을 술쓰리도 쌔오는고야

---

7) 청구영언 진본(1728년) 114쪽.
　 물명유고(1824년) 2권 昆.

40

두어라, 제 비록 微物(미물)이나 無人洞房(무인동방)에 내 뜻 알리는 너뿐인가 ᄒ노라

● 불쌍한 저 귀뚜라미/ 귀뚜라미의 구슬픈 소리, 여인의 잠을 깨우네/ 비록 미물이나 독수공방하는 내 심정을 아는 것은 너뿐이로구나.

기러기

추운 겨울을 나기 위하여 기러기는 가을에 러시아에서 우리나라로 날아온다.

규합총서에는 기러기에 신(信), 예(禮), 절(節), 지(智)의 덕이 있다고 적혀 있다. 기러기는 암컷과 수컷의 사이가 좋다고 해서 전통 혼례에서는 나무 기러기(木雁)를 전하는 의식이 있다. 또 다정한 형제처럼 줄을 지어 함께 날아다니므로, 남의 형제를 높여서 안행(雁行)이라고도 한다. 이동할 때 경험이 많은 기러기를 선두로 하여 V자 모양으로 높이 날아가는 것은 서열과 질서를 상징하는 것으로 여겨진다.

동의보감에 의하면, 기러기 기름은 풍비(風痹)로 쥐가 나거나 야위어 기가 통하지 않는 데 사용한다. 또한 머리털이나 수염이 잘 나게 하고, 근육과 뼈를 굳세게 하며, 살코기는 모든 풍을 다스린다고 한다.

표준어 '기러기(雁)'는 소리시늉말로 이루어진 어근 '그력[1]'에 접미사 '이'가 결합되어 파생된 단어이다. 이것이 뒷날 '그려기[2] > 그려기[3] > 기려기[4] > 기러기[5]'의 모습으로 변해서 오늘과 같은 어형이 이루어진 것이다.

표준어 기러기의 전국적인 방언 분화형은 다음과 같다.

함북 기레기, 그레기, 기럭
함남 기레기, 그레기, 지레기, 지러기
평북 끼러기, 끼레기, 기레기
평남 기레기, 게레기
황해 기레기
강원 기레기, 지레기
경기 기레기
충남 기레기, 지레기, 기리기
충북 기레기, 지러기, 기러기

1) 훈민정음(1446년) 해례본.
2) 능엄경언해(1462년) 8권 121쪽.
  금강경삼가해(1482년) 제2권 6쪽.
3) 훈몽자회(1527년) 상권 8쪽.
4) 계해수로조천록(1624년경) 37쪽.
5) 소학언해(1586년) 2권 49쪽.
  동의보감 탕액편(1613년) 1권 36쪽.

경북 기레기, 기리기, 기러기
경남 끼러기
전북 기레기, 기러기
전남 기레기, 그레기, 기려기, 기러기
제주 기레기, 그레기

관련된 속담으로는 다음과 같은 것들이 있다.

- 기러기가 나니까 똥파리도 난다.(남이 하는 것을 맹목적으로 따라하는 것을 비웃음.)
- 물이 없어지면 오던 기러기도 아니 온다.(늙으면 찾아오던 임도 오지 않음.)
- 기러기는 짝을 잃어도 까마귀와는 짝을 맺지 않는다.(아무리 어려운 환경에서도 나쁜 사람과는 상대를 하지 않음.)
- 기러기 털은 물에 젖지 않는다.(착한 사람은 악에 오염되지 않음.)
- 기러기 털 타듯 한다.(성미가 급한 사람을 비유함.)

좌보(左甫) 이세보(1832~1895)가 지은 고시조에 기러기에 관해 언급한 부분이 나온다.

황앵(黃鶯)은 버들이요 호접(胡蝶)은 꽃이로다
기럭이는 녹수(綠水)요 백학(白鶴)은 청송(靑松)이라

엇지타 사람은 탁의(托意)할 곳이 적어

● 꾀꼬리는 버들을 좋아하고, 나비는 꽃을 좋아하네/ 기러기는 푸른 물을, 흰 학은
푸른 솔을 좋아하는데/ 사람은 마음을 의지할 곳이 적구나

기지개

    대구·경북의 기층문화를 조사 연구하는 대구민학회는 혹한기와 혹서기를 제외하고는 매달 1회씩 문화 답사를 다닌다. 이제까지 경남·북의 여러 지역을 답사했지만, 이번에는 대구에 소재하고 있는 문화 유적을 찾았다. 거북바위가 놓여있는 연귀산, 천주교 순교지인 관덕정, 경상감영공원, 달성공원, 이상화 시인 고택을 돌아보았다.

    문화적으로 대구를 자랑할 만한 것을 당당하게 내세우는 시민들이 그리 많지 않다. 대구 시민 누구나 대구를 자랑스런 고장으로 여겨, 기지개를 활짝 펴고 당당하게 살아갈 수 있는 문화의 도시가 되길 바란다.

    표준어 '기지개(伸)'의 고어는 '기지게'[1]로 나온다. 현재로선 그 어원 분석에 일치를 보지 못한 다음 두 가지의 견해가 있다.

하나는 어근 '기직(氣直)'＋접미사 '에'로 보아 기운을 바로 펴는 것으로, 다른 하나는 어근 '기지(身丈)'＋접미사 '게'로 보아 키를 펴는 것으로 분석한다.

표준어 기지개의 전국적인 방언 분화형을 제시해 본다.

함북 지지개
함남 지지개
평북 기:지개
평남 기:지개
황해 지지개, 기지기
강원 지지개, 지지게, 기지개, 지제기
경기 게지개, 지지개, 기제기, 기지기, 지지깨
충남 지지게, 기지게
충북 지지개, 기지개
경북 지지게, 기지게, 지지기, 지꼬대
경남 지지개, 디지깨, 지지레기, 지직, 지드기, 제제기, 제지개,
　　　지지기, 찌지게, 쭉찌깨, 쭉찌기
전북 지지개, 재치기, 지저리, 지지기
전남 지지개, 지개기, 지드개, 지제기, 지지기, 쭉찌개, 쭉찌기
제주 지지게, 질

1) 금강경삼가해(1482년) 제2권 11쪽.

제시된 분화형을 유형별로 분류하면 기지개계 어형(기:지개, 기지기, 기제기, 게지개, 지지개, 지지게, 지지기, 지직, 지제기, 지개기, 지지깨, 디지깨, 지드개, 지드기, 제제기, 제지개, 재치기, 찌지게)이 전 국적으로 널리 분포되어 있다.

쭉찌개계 어형(쭉찌개, 쭉찌기)은 경남・전남 지역에만 한정되 어 나타나고 있으며, 지꼬대계 어형(지꼬대), 지지레기계 어형(지 지레기), 지저리계 어형(지저리), 질계 어형(질)이 특이하게 실현되 고 있다.

김치

김장독에서 김치를 꺼내 먹던 지난날이 그리워진다. 요즘은 김치냉장고에서 언제든지 그것을 손쉽게 내먹을 수 있지만, 김치를 찢어서 먹어봐도 옛 맛이 나지 않는다.

표준어 '김치(菹)'는 한자어 '沈菜(침채)＞팀치[1]＞딤치[2]＞짐치[3]＞김치[4]＞김칙[5]＞김치'의 변화 과정을 겪었다.

한자어 沈菜(침채) 이전에 고유어 '디히'가 있었는데, '디히[6]＞디이[7]＞지이＞지'의 모습으로 변화되었다. 어원적으로

---

1) 소학언해(1744년) 제1권 7쪽.
2) 훈몽자회(1527년) 중권 22쪽.
   신증유합(1576년) 상권 30쪽.
3) 두창경험방(1663년) 13쪽.
4) 물명유고(1824년) 제3권 16쪽.
5) 청구영언(1728년) 67쪽.
6) 두시언해 초간본(1481년) 제3권 50쪽.
7) 동문유해(1748년) 하권 4쪽.

볼 때, 김치는 동치미와 같은 물김치를 의미하고, 지는 오늘날 장아찌(쟝앗디이[8])를 의미한다.

표준어 김치의 전국적인 방언 분화형을 보기로 한다.

함북 김치, 김티, 짐치, 남물
함남 짐치, 남물
평북 짐치, 짠디
평남 짠디, 쩬디
황해 김치, 짠지, 쩬지
강원 김치, 짐치, 짠지
경기 김치, 금치, 짐치, 짠지
충남 짐치, 동치미, 동기기, 짠지
충북 물짐치, 동기미, 동기기, 짠지
경북 김치, 짐치, 짠지, 지
경남 김치, 짐치, 지
전북 짐치, 짐채, 짠지, 지
전남 짐치, 짐채, 지
제주 짐치, 짐끼, 징끼, 김끼

제시된 분화형은 김치계 어형(김치, 김티, 금치, (물)짐치, 짐채, 징

8) 동문유해(1748년) 하권 4쪽.

끼, 짐끼, 김끼) 동치미계 어형(동치미, 동기미, 동기기), 짠지계 어형
(짠지, 짠디, 짼디), 남물계 어형(남물), 지계 어형(지)으로 분류된다.

오늘날 한반도의 여러 지역에서 김치는 물김치를 가리키고,
배추 김장 김치와 무를 통으로 소금에 짜게 절인 무김치는 짠
지(짜+ㄴ+디히)라고 하여 구분하고 있으나, 표준어에서는 이들
을 구분하지 않고 통합하여 김치라는 어휘를 사용하고 있다는
점에 주목할 필요가 있다.

김치와 관련된 속담으로는 다음과 같은 것들이 있다.

- 김칫국 먹고 수염 쓰다듬고 냉수 마시고 갈비 트림한다.(남들
  앞에서 실속 없는 허세만 부림.)
- 김칫국부터 미리 마신다.(상대방의 속도 모르고 제 나름대로 그렇게
  되리라고 믿고 행동함.)
- 김칫국을 먹든지 식혜를 먹든지 임자 마음이다.(무슨 일을 하든
  지 하고 싶은 사람의 자유임.)
- 김칫국 채어 먹은 거지 떨 듯 한다.(남들은 아니 떠는데 혼자서 떠
  는 사람을 의미함.)

죽소(竹所) 김광욱(1580~1656)의 시조에서 김치는 '짐치'로 나
타난다.

질가마 조히 싯고 바회 아래 샘물 기러
팟죽 달게 쑤고 저리짐치 끄어내니
세상에 이 두 마시야 남이 알가 하노라

● 흙으로 구워서 만든 가마솥을 깨끗이 씻고 샘물을 기러와서/ 팥죽을 달게 쑤고
 겉절이 김치를 꺼내니/ 이 두 가지 맛을 남들은 모르리라

꽃봉오리

흔히 희망에 가득 차고 장래가 기대되는 젊은 세대를 꽃봉오리에 비유한다.

표준어 '꽃봉오리(花峯)'의 고어는 '곳봉으리[1]'로 나타난다. 이것은 명사 '곳'과 명사 '봉으리'가 결합된 합성어로 어원이 분석된다. '곳봉으리＞곳봉오리[2]＞꽃봉오리'로 변화 과정을 겪는다.

표준어 꽃봉오리의 전국적인 방언 분화형을 보자.

함북 꼳부듸, 꼳보디, 꼳방우리, 꼳보동이, 꼳부딍(이), 꼳보딀기, 꼳부딀기, 꼳부들(기)

---

1) 훈몽자회(1527년) 하권 4쪽.
2) 역어유해보(1775년) 50쪽.

함남 꼳마우리, 꼳망우리, 꼳마울, 꼳보무라지, 꼳보무래기, 꼳
　　　부라지, 꼳부러지, 꼳바울, 꼳보오리, 꼳부딍이
평북 꼳방울, 꼳봉아리, 꼳마우리, 꼳보아리, 꼳바우지
평남 (꼳)봉알, 꼳보오리, 꼳마울
황해 꼳봉자리, 꼳봉아리, 꼳망우리, 꼳마우라지, 꼳바울
강원 꼳방우리, 꼳방울, 꼳망우라지, 꼳망우리, 꼳마우리
경기 꼳방울, 꼳망울, 꼳몽우리, 꼳봉오라지, 송아리망우리
충남 꼳망우리, 꼳마우리, 꼳몽우리, 꼳맹아리, 꼳보:리, 꼳보우리
경북 꼳매주미, 꼳매징이, 꼳봉아리, 꼳맹아리, 꼳뽕오리, 꼳몽
　　　오리
경남 꼳몽아리, 꼳모아리, 꼳봉다리, 꼳봉지, 꼳보:리, 꼳뽀:리,
　　　꼳숭우리
전북 꼳벙어리, 꼳버:리, 꼳봉생이, 꼳봉오리, 꼳봉다리, 꼳봉지,
　　　꼳봉됏이, 꼳소오리
전남 꼳봉다리, 꼳봉아리, 꼳벙어리, 꼳봉지, 꼳보우리, 꼳보우지
제주 (꼳)봉오지, (꼳)봉오리, 꼳봉

　　유형별로 분류해 보면 꽃망울계 어형(꼳망울, 꼳망우리, 꼳망우
라지, 꼳마우리, 꼳마우라지, 꼳마울, 꼳맹아리, 꼳몽울, 꼳몽우리), 꽃매
짐이계 어형(꼳매주미, 꼳매징이), 꽃방울계 어형(꼳방울, 꼳방우리,
꼳바울, 꼳바우지), 꽃봉오리계 어형(꼳봉오리, 꼳봉오라지, 꼳보:리,
꼳보우리, 꼳보우지, 꼳뽕오리, (꼳)봉오지, 꼳봉, 꼳봉아리, 꼳벙어리, 꼳

버:리), 꽃봉다리계 어형(꼳봉다리, 꼳봉자리), 꽃보(무)라기계 어형
(꼳보무래기, 꼳보무라지, 꼳부라지, 꽃부러지), 꽃보동이계 어형(꼳보
동이, 꼳부딍(이), 꼳부듸, 꼳보디), 꽃보들기계 어형(꼳보딜기, 꼳부딀
기, 꼳부들(기)) 등으로 나타난다.

민족 시인 이육사가 쓴 '꽃'이라는 시의 제2연을 살펴보면,
'북쪽 툰드라에도 찬 새벽은/ 눈 속 깊이 꽃맹아리가 옴작거려/
제비 떼 까맣게 날아오길 기다리나니/ 마침내 저버리지 못할
약속(約束)이여'에서 꽃맹아리가 보이는데, 이는 표준어 꽃봉오
리에 대한 경북 안동 지방의 방언형이다.

냉이

　냉이(薺菜)는 겨자과에 딸린 두해살이풀이다. 콩가루를 넣어서 냉이를 끓여 냉잇국을 만들어 먹으면 무척 맛이 있다.

　동의보감에 의하면, 냉이는 간의 기운을 잘 통하게 하고 오장을 편안하게 한다. 냉이가 간과 통하기 때문에 그것으로 죽을 쑤어 먹으면 간과 기운이 통한 눈이 밝아지게 된다. 냉이의 씨와 뿌리는 눈병을 치료하는 데 좋다.

　'냉이'의 고어로는 '나싀'[1]로 나온다. 이것이 후일 변하여 '나싀>나이[2]>낭이[3]>냉이'가 되었는데, 그 어원은 미상이다.

　표준어 냉이의 전국적인 방언 분화형을 제시해 본다.

---

1) 두시언해 초간본(1481년) 제8권 18쪽.
2) 두시언해 중간본(1632년) 제8권 18쪽.
3) 박통사언해 중간본(1677년) 중권 34쪽.

함북 나시, 나세, 내기
함남 나시, 나세, 나상구
평북 나이, 내이
평남 내이, 낭이
황해 내이, 얘이, 앵이
강원 나새이, 나생이, 내이
경기 내이, 냉이, 나생이, 나새이
충남 나승개, 나숭개, 나싱개
충북 나생이, 나싱개, 나싱개이, 나승개
경북 나시, 나셍이, 날세이, 나세이, 난셍이, 난싱이
경남 나시랭이, 나스랭이, 나생이, 난생이, 나승개, 나숭개
전북 나승개, 나숭개
전남 나시, 나상구, 나승개
제주 난시, 나시, 난생이

제시된 자료를 통하여 냉이의 방언은 나시(명사)계 어형(나시, 난시, 나세), 나이(명사)계 어형(나이, 낭이, 냉이, 내이, 애이, 앵이), '나이(명사)+기(접미사)계 어형(내기), 나시(명사)+앙이(접미사)계 어형(나생이, 나셍이, 난셍이, 난싱이, 날세이, 나새이, 나세이), 나시(명사)+앙기(접미사)계 어형(나상구), 나시(명사)+냉이(명사)계 어형(나시랭이, 나스랭이)으로 분류할 수 있다.

고문헌에 나타나는 '나△ㅣ' 어형은 방언에서는 △이 떨어지면 '나이'로 나타나고, △이 ㅅ으로 변하면 '나시'로 나타난다. 그리고 방언에는 문헌에 나타나는 '나이, 낭이, 냉이' 어형보다 훨씬 다양한 어휘들이 나타나고 있어, 방언이야말로 살아 있는 무형문화재인 것이다. 특히 명사와 명사가 결합되어 나오는 합성어들도 다양하게 나타나는 것이 흥미롭다.

관련된 속담으로는 '냉이에 씀바귀 섞이듯 했다.(맛있는 냉잇국에 씀바귀를 넣어 맛을 버리듯이, 좋은 분위기를 나쁜 사람 때문에 흐려 놓았다는 말)'가 유일하다.

넓적다리

해마다 9월 하순이 되면 우리 동네에서는 마늘씨를 파종하기 위해 온 식구가 여러 날 동안 마늘을 쪼갰고, 쪼갠 마늘을 논에 심기 위해 긴 고랑에다 마늘씨를 한 개씩 일정한 거리를 유지 하며 심어야만 했다.

어릴 때 심어본 마늘논의 고랑은 얼마나 긴지, 허리 굽혀 오래 일을 하다가 허리를 펴기 위해 일어서면 허리가 좀처럼 펴지질 않고 꾸부정했다. 또한 온몸이 쑤셨는데, 그중에서도 종아리와 넓적다리(大腿)가 심하게도 아팠다.

표준어에서는 다리에서 무릎 관절 위의 부분을 넓적다리(오금 윗마디의 다리), 허벅다리(넓적다리의 위쪽부분), 허벅지(허벅다리 안쪽 살 깊은 자리)로 구분하고 있다. 즉 다리 윗부분으로 올라가면서 명칭이 다른데, 넓적다리가 가장 넓은 부분을 나타내며

그다음으로는 허벅다리, 마지막으로 허벅지 순으로 좁은 부분을 나타낸다. 대충은 이해되나 넓적다리와 허벅다리의 경계 지점을 정확히 말하기는 어렵다.

표준어 '넓적다리'의 고어는 '넙덕다리'[1]로 나타난다. 어원을 분석해 보면 형용사 어근 '넙(廣)'＋접미사 '덕'＋명사 어근 '다리(脚)'로 되어, 단어 구성상으로 볼 때 합성어이다. '넙덕다리＞넙적다리＞넓적다리'의 변화 과정을 겪은 것으로 이해된다.

표준어 넓적다리의 전국적인 방언 분화형을 나타내 본다.

함북 신다리, 쉰다리
함남 신다리, 심너덕다리
평북 넙덕다리
평남 너북다리, 북다리
황해 신다리
강원 넙쩍다리, 신다리, 힌다리, 넉뚝다리
경기 넙적다리, 허벅다리, 허벅지
충남 넙적다리, 허벅지, 허벅다리, 넙덕지
충북 넙쩍다리, 넙쭉다리, 넙떡다리, 넙뚝다리
경북 넙쩍다리, 허북찌, 신넙찌, 신다리, 너벅찌
경남 허북지, 허북다리, 허벅지

---

1) 역어유해(1690년) 상권 35쪽.

전북 허벅다리, 허벅지, 넙덕지
전남 허벅다리, 허벅지, 넙덕치
제주 허벅다리, 넙적다리

　이상에 제시된 자료를 바탕으로 우리는 흰다리계 어형(흰다리, 신다리, 쉰다리), 넙덕다리계 어형(넙덕다리, (심)너덕다리, 넙떡다리, 넙뚝다리, 넉뚝다리), 허벅다리계 어형(허벅다리, 허북다리), 허벅지계 어형(허벅지, 허북지, 허북찌), 넙덕지계 어형(넙덕지, 넙덕치, 너벅찌), 넙적다리계 어형(넙쩍다리, 넙쭉다리), 신넙지계 어형(신넙찌)으로 분류할 수 있다.
　우선 크게 보면 ～다리계 어형(흰다리, 넙덕다리, 허벅다리, 넓적다리)과 ～지계 어형(허벅지, 넙덕지)로 나누어지며, 어휘 신넙찌는 신다리와 너벅찌의 혼효형으로, 어휘 심너덕다리는 신다리와 넙적다리의 혼효형으로 이해된다.

노을

인간의 손에 의해 만들어지는 예술품도 일품이지만, 자연이 만들어내는 작품에는 순수하고 거룩한 뜻이 담겨 있다. 그런 맛을 느낄 수 있는 것 중의 하나가 저녁노을이다. 해질 무렵의 서쪽 하늘을 보라. 아름다운 붉은 색조에 모두들 경탄하지 않을 수 없다. 조물주가 만들어 낸 오묘한 광경에 절로 고개가 숙여진다.

표준어 '노을(霞)'의 고어는 '노을[1]'로 나타나는데, 그 어원에 대해서는 자세히 알 수 없는 실정이다. 그러나 아래의 방언 분화형들을 이용하면 어느 정도 어원을 추측할 수 있다.

표준어 노을의 전국적인 방언 분화형을 제시해 본다.

---

1) 훈몽자회(1527년) 상권 2쪽.

함북 누부리, 느부리, 느불, 놀:
함남 누부리, 노:리, 누:리, 느부리, 노불
평북 노:리
평남 북새, 놀:, 노:리
황해 불거지, 북새, 놀:
강원 나부리, 나불, 놀:, 누:리
경기 놀:
충남 북새, 놀:, 서걍, 세걍
충북 농오리, 노오리, 놀:, 서걍
경북 불세, 나부리, 나오리, 나구리, 우내
경남 북새, 북살, 뿔구사리
전북 북새, 세걍
전남 북새, 노울, 노올, 놀, 세걍
제주 해지기, 황혼

  이상의 자료를 통하여 표준어 노을의 방언을 나부리계 어형
(나부리), 나구리계 어형(나구리), 누부리계 어형(누부리, 느부리, 느
불, 노불), 노을계 어형(놀:, 노:리, 노오리, 농오리), 북새계 어형(북새),
불새계 어형(불새, 불세), 북살계 어형(북살), 뿔구사리계 어형(뿔구
사리), 서걍계 어형(서걍, 세걍), 해지기계 어형(해지기), 황혼계 어
형(황혼), 우내계 어형(우내) 등으로 분류할 수 있다.

경북 방언에 나타나는 나오리 어휘는 인근 충북 지역의 '노오리'와 '나부리 / 나구리'의 혼효형으로 이해된다.

노을에 관한 속담으로는 다음과 같은 것들이 있다.

- 저녁놀과 아침 안개는 날씨가 좋다.(저녁에 놀이 있거나 아침에 안개가 끼는 날은 날씨가 좋음.)
- 저녁놀이 끼면 날이 갠다.(비가 오더라도 저녁놀이 서면 비가 그친다는 말)

한시 형식의 하나인 악부(나손본)에서 노을을 가리켜 '석양'이라고 한 구절이 나온다.

어옹(漁翁)이 해승(蟹繩)을 잃고 석양 포구의 나든난 사공더라
내 굴억 혹 보신가 보거든 차자주오
우리도 게사리 느껴가니 툼 없난가 하노라

● 석양에 늙은 어부가 낚싯줄을 잃고 사공에게 묻더라/ 내 구럭(망태기) 보거든 찾아주오/ 우리도 게 잡이가 늦어가니 틈이 없다 하노라

다람쥐

도토리를 맛있게 까먹고 있는 다람쥐의 모습을 보고 있노라면 시간 가는 줄 모른다. 한참이나 놀다가 그놈은 나무를 타고 쏜살같이 어디론가 달아난다.

표준어 '다람쥐(鼯)'의 고어는 '드라미¹⁾'로 나타나는데, 이것은 어근 '돈(走)'에 접미사 '아미'가 결합되어 '돈아미*>돌아미*>드라미>드롬이²⁾>드룸쥐³⁾>다람쥐'로 변화된 결과이다. 그런데 표준어 다람쥐는 '드라미'에서 변한 후대형에 '쥐'가 결합되어 만들어진 단어이다.

표준어 다람쥐의 전국적인 방언 분화형을 살펴보면 다음과 같다.

---

1) 훈몽자회(1527년) 상권 19쪽.
2) 왜어유해(1781·-1782년경) 하권 23쪽.
3) 한청문감(1779년) 14권 9쪽.

함북 다람지, 다래미
함남 다래미, 쥐암매, 볼제비
평북 다라미, 볼조비
평남 다라미
황해 다래미, 대람쥐
강원 다람지, 다래미
경기 다람쥐, 다룸쥐
충북 다람지, 타럼쥐, 타래미
충남 다람지, 다름지
경북 다람지, 쌩(:)지
경남 다람쥐, 새양지
전북 다람지, 다럼지, 다래미
전남 다람지, 다래미, 멧쥐
제주 다람지

    제시된 분화형은 다라미계 어형(다라미, 다래미, 타래미), 다람쥐계 어형(다람쥐, 대람쥐, 다람지, 다럼지, 다름지, 다룸지, 타럼쥐), 새양지계 어형(새양지, 쌩(:)지), 볼조비계 어형(볼조비, 볼제비) 등으로 분류할 수 있다.
    다람쥐와 관련된 속담은 꽤 많은 편이다.

- 다람쥐 쳇바퀴 돌 듯 한다.(언제나 똑같은 일만 계속 되풀이함.)
- 가을 다람쥐 계집 얻어 들이듯 한다.(가을 수타람쥐는 월동 준비로 먹이를 많이 장만하기 위하여 암타람쥐를 여러 마리 얻듯이, 계집 여럿을 데리고 사는 사람을 조롱하는 말)
- 가을 다람쥐처럼 욕심만 난다.(필요 이상의 욕심을 내는 사람을 비유함.)
- 다람쥐 밤 물어다 감추듯 한다.(다람쥐가 저장한 밤을 다 찾아 먹지 못하듯이, 욕심이 많은 사람을 비유함.)
- 다람쥐 밤 까먹듯 한다.(어떤 음식을 매우 좋아하는 사람을 비유함.)
- 서리 맞은 다람쥐다.(겨울이 되었는데도 월동 준비를 못한 다람쥐처럼 살아갈 길이 막막한 사람을 비유함.)
- 날다람쥐의 다섯 가지 재주다.(날다람쥐가 다섯 가지 재주는 있으나 변변한 것은 하나도 없듯이, 여러 가지 재주가 있으면 빼어난 재주는 없음.)

시가(詩歌)에 다람쥐를 소재로 한 작자 미상의 고시조가 실려 있다.

바회 암상(岩上)에 달암쥐 긔고 시닉 계변(溪邊)에 가지 게로다
함박꼿히 뒤용벌 날고 됴팝 남게 피됵시 운다
어듸셔 징덩동 쇼리의 쩨 구름이 우즙 우즙 ᄒ더라

● 바위 위에 기는 다람쥐와 시냇가의 가재와 게/ 함박꽃에 뒤웅박처럼 매달린 벌들과 조팝나무에서 우는 피죽새/ 어디서 징덩동 소리에 떼구름이 뭉게뭉게 피었더라

달래

들판에 나가 대지의 기운을 받고 자란 달래를 캐서 된장국에 넣어 끓여 먹거나 양념이나 나물로 하여 먹으면 별미다. 달래(野蒜)는 백합과의 다년초로서 들에 절로 난다. 줄기는 5~12cm이고 땅속에 파뿌리 같은 흰 비늘줄기가 있다. 잎은 가늘고 긴 대롱 모양이며 파와 같은 냄새가 난다.

한자의 뜻을 풀이해 보면 생김새가 마늘과 유사해서 그런지 야생 마늘, 또는 작은 마늘이라는 의미를 지니고 있다. 한편으로는 파의 성질을 지니고 있다. 외형 및 성분상으로 볼 때는 마늘과 파를 결합한 것으로 이해할 수 있다.

욕심을 비우는 불가(佛家)에서는 달래가 오훈채(五葷菜, 자극성이 있는 다섯 가지 채소류. 오신채(五辛菜)라고도 하는데 마늘, 달래, 무릇, 김장파, 실파를 가리킨다. 모두 음욕과 분노를 불러일으키는 음식이라고 하여 금식함)에 속해 있다.

'달래'의 고어는 '둘외'[1]로 나타난다. 후일 변화되는데 그 과정을 보면 '둘외>둘뢰[2]>둘릐[3]>달래'이다. 또 다른 형태의 고어는 '둘랑괴[4]>둘랑귀[5]'가 보인다.

표준어 달래의 전국적인 방언 분화형은 다음과 같다.

함북 달리
함남 달뢰, 달레, 달리
평북 달루, 달리
평남 달리
황해 달래
강원 달루, 달룩, 달롱, 달래이, 세파
경기 달래, 달갱이
충남 다래, 달리, 달래, 달롱개
충북 달렁개, 달렁, 달롱, 달랭이
경북 달레이, 달롱게, 달른겡이
경남 달롱개, 달랭이, 달랑개(이), 달룽개, 달룩개
전북 달롱개, 달룩개, 달래(이), 다래

1) 악학궤범(1493년) 제5권 8쪽.
2) 훈몽자회(1527년) 상권 13쪽.
3) 물보(1802년) 채소.
4) 동의보감(1613년) 탕액편 제2권 32쪽.
5) 동문유해(1748년) 하권 3쪽.

전남 달롱개, 달룽개, 달룩개, 달른개, 달래이
제주 꿩마농, 꿩마능, 들마농, 드릅마농

이상의 자료를 통해 달래의 방언형을 달래계 어형(달뢰, 달루, 달래(이), 달랭이, 달레, 달리), 달랑개계 어형(달랑개(이), 달렁개, 달렁, 달롱개, 달롱, 달룽개, 달룽, 달룩개, 달룩, 달루, 달른개, 달른갱이), 꿩마늘계 어형(꿩마농, 꿩마능), 들마늘계 어형(들마농, 드릅마농)으로 분류할 수 있다.

분포별로 볼 때, 달래계 어형은 전국적으로 고루 분포하나, 달랑개계 어형은 남부와 중부 지역에 분포한다. 마늘계 어형은 제주 지역에만 국한된다.

정선아리랑 가사집에 보면 "달롱 캐러 간다구야 달로꿍 달로꿍 하더니, 양지짝에 앉아서 시집갈 공론만 하네"란 노랫말이 있는데, 달롱은 표준어 달래에 대한 강원도의 방언형이다.

대추

'젊어서는 파란 옷을 입고 늙어서는 빨간 옷을 입는 것은?' 이라는 수수께끼의 답은 뭘까? 힌트를 주자면, 그것은 다남(多男)을 기원하는 상징물로 폐백(幣帛)에 쓰인다.

정답은 대추이다. 폐백을 올릴 때 신부는 시부모에게 대추를 드리는데, 좋은 것을 붉은 실에 꿰어 그릇에 둥글게 쌓는다. 이때 시부모는 실에서 대추를 빼내어 신부의 치마폭에 던지면서 다남을 기원한다.

동의보감에 의하면 이것은 속을 편안하게 하고 비장에 작용하며, 오장을 보하고 12경맥을 도와준다. 또한 의지를 강하게 하고 여러 가지 약을 다 조화시킨다고 한다.

표준어 '대추(木蜜)'의 고어는 '대초[1]'이다. 대초는 한자어 대조(大棗)에서 변화되어, 대초〉대쵸[2]〉대츄[3]〉대추로 되었다.

표준어 대추의 전국적인 방언 분화형은 다음과 같다.

함북 대초, 대치
함남 태초, 대취, 대치
평북 대조, 대초
평남 대추, 대(:)치
황해 대추
강원 대초, 대추
경기 대추
충북 대추
충남 대추
경북 대추
경남 대추
전북 대추
전남 대추
제주 대초, 대추

제시된 자료를 분류해 보면, 대조(大棗)계 어형, 대초계 어형 (대초, 대취, 대(:)치, 대추), 태초계 어형으로 분류된다.

---

1) 두시언해 초간본(1481년) 제22권 3쪽.
2) 동문유해(1748년) 하권 5쪽.
3) 동의보감(1610년) 탕액편 제2권 18쪽.

대추와 관련된 속담으로는 다음과 같은 것들이 있다.

- 붉으면 대추지, 달면 꿀이지, 뛰면 벼룩이지(세상이 다 아는 것은 말할 것이 못 됨.)
- 대추를 통째로 삼킨다.(대추의 참맛을 알 수 없음, 무슨 일을 건성으로 하면 내용을 알지 못함.)
- 대추나무에 연 걸리듯 했다.(대추나무에는 가시가 많아서 연이 잘 걸리듯이 여기저기 빚이 많음.)
- 곯은 대추 삼 년 간다.(아주 약한 사람이 곧 죽을 것만 같아도 의외로 오래 삶.)
- 마을에 빗 장수가 들어오면 대추나무는 망한다.(옛날 얼레빗은 대추나무를 베어서 만들기 때문임.)

청구영언 진본에 대추를 소재로 다루고 있는 다음의 시조가 전해진다.

대쵸볼 블근 가지에 에후루혀 훌터 따 담고
올밤 닉 벙그러진 가지 휘두두려 보나 따 담고
벗 모아 초당으로 드러 가니 술이 풍충청 이셰라

● 가지를 휘어잡고 붉은 대추를 훑어 따 담고/ 가지를 두드려 익어 벌어진 올밤을 따 발라 담고/ 벗을 모아 초당으로 들어가니 술이 풍성하게 있도다

도라지

집 앞에 있는 야트막한 야산인 두리봉은 참으로 아름답다. 부드러운 곡선은 포근함을 더한다. 보는 것만이 아니라 운동을 하기에도 제격이다. 아무리 천천히 걸어도 한 시간이면 등반을 하고 내려올 수 있다. 두리봉 입구에 피어 있는 도라지꽃은 보라색과 흰색이 섞여 있다.

도라지(桔梗)는 초롱꽃과의 여러해살이풀이다. 잎은 타원형으로 끝이 뾰족하며 톱니가 있고 어긋맞게 난다. 흰빛 또는 보랏빛 종 모양의 꽃이 줄기나 가지 끝에 피는데, 뿌리는 먹거나 약재로 쓴다.

민간에서는 나물 이전에 구황식이었다. 흉년의 대용식인 도라지 밥 만드는 법을 소개한다. 먼저 도라지를 물에 잘 씻어서 충분히 삶는다. 이것을 주머니에 넣고 물에 담근 다음, 발로 밟아 특유의 쓴맛을 빼어 밥에 섞어서 먹는다. 동의보감에 따르면 도라지는 성질이 약간 차고, 맛은 맵고 쓰며 약간 독이 있는데 허파·목·코·가슴의 병을 다스리고 벌레의 독을 내린다고 한다.

표준어 '도라지'의 고어는 '도랒[1]'으로 나타난다. 뒷날 '도랒>도라지'로 변하여 오늘과 같은 어형이 되었다. 그러나 그 어원에 대해서는 정확히 알 수 없는 실정이다.

표준어 도라지의 전국적인 방언 분화형을 나열해 본다.

함북 도라지
함남 도라지, 돌가지
평북 돌가지, 도라지
평남 돌가지, 도라지
황해 돌가지
강원 돌가지, 도라지
경기 돌가지, 도라지
충남 도라지, 돌가지
충북 도라지, 도래, 도래지
경북 돌게, 돌가지, 도래
경남 돌개, 돌가지, 도래

---

1) 구황촬요(1554년) 7쪽.

전북 돌가지, 도라지, 돌간
전남 돌가지, 돌간, 도랕
제주 도라지

이상의 자료를 통하여 도라지의 방언을 도라지계 어형(도라지, 도랕, 도래지, 도래), 돌가지계 어형(돌가지, 돌개, 돌게, 돌간)으로 크게 나눌 수 있다. 도라지계 어형과 돌가지계 어형의 발생 순서를 논의하는 것은 다소 부담이 따른다.

고문헌에 후자의 어형이 전혀 나타나지 않는 점과 방언 분포형으로 보아 전자가 전국적인 분포를 보이는 점을 참작해 볼 때, 도라지계 어형이 고형으로 보이며, 돌가지계 어형은 후대형으로 보인다.

관련 민요로는 경기 민요인 도라지 타령 '도라지 도라지 백도라지 심심산천에 백도라지 한두 뿌리만 캐어도 대광우리에 철철 넘누나'가 있다.

도라지와 관련된 속담으로는 '도라지 못된 것이 양 바위 틈에서 난다.(여자의 잘못으로 삼각관계가 이루어진다는 뜻)'가 보인다.

도리깨

    도리깨는 곡식의 낟알을 떠는 데 쓰는 농구의 하나인데, 도리깨질은 이 도구로 곡식 이삭을 두드려 낟알을 떠는 일을 말한다. 필자는 시골에서 생활을 했기에 도리깨질을 해 보았다. 그러나 요즘 도시 아이들은 농기구 박물관에서나 도리깨를 구경할 수 있을 따름이다.

    표준어 '도리깨(枷)'의 고어는 '도리개[1]'로 나타난다. 이것은 '도리개＞도리째[2]＞도리깨'로 변화 과정을 겪었다.

    이 단어의 어원을 분석해 보면, 동사 어근 '돌-(回)'＋접미사 '이'＋접미사 '개'로 결합되었으며, 단어 구성상으로 볼 때 파생어에 속한다.

---

1) 물보 필사본(1802년) 경농.
2) 한청문감(1779년) 제5권 10쪽.

도리깨의 전국적인 방언 분화형을 살펴보기로 한다.

함북 도리깨, 도리채, 도르깨, 돌깨
함남 도루깨
평북 도리깨, 도리개
평남 도루깨
황해 도리개이, 도리깨이
강원 도리깨, 도루깨, 도리개, 도로개
경기 도르깨, 도리깨
충남 도루캐, 도리캐
충북 도리캐, 도리깨
경북 도루께, 도리게
경남 도루깨, 도리개, 도르깨
전북 도리깨, 도리채
전남 도리깨, 도루깨
제주 도깨, 도께

위에 제시된 자료를 통해 도라지의 방언을 도리깨계 어형(도
리깨, 도리게), 도르깨계 어형(도르깨), 도루깨계 어형(도루깨), 도리
개계 어형(도리개), 도리개이계 어형(도리개이), 도리깨이계 어형
(도리깨이), 도로개계 어형(도로개), 도리채계 어형(도리채), 돌깨계

어형(돌깨), 도깨계 어형(도깨, 도계) 등으로 분류할 수 있다.

　도리깨에 대한 수수께끼는 다음과 같이 매우 많이 나온다.
'네 놈이 좋다고 춤추는 것은?', '하늘에 올라가면서 춤을 추
는 것은?', '아들 삼 형제가 아버지 귀에 막대기를 꽂고 빙빙
도는 것은?', '삼 형제가 손뼉치고 하늘로 올라가는 것은?'에서
도리깨의 회초리가 3개이면 삼 3형제로 나타나고, 그것이 4개
이면 네 놈으로 나타난다.

도토리

어느 날 집 근처 공원에 갔더니 다람쥐가 큰키나무를 오르내리며 재주를 부리고 있었다. 그놈이 도토리를 까먹는 모습을 보고 있으니, 시골 운동회 때 운동장 한구석에 임시로 친 포장 아래에서 도토리묵을 맛있게 입 다시며 먹던 어린 시절의 기억이 새록새록 돋아났다.

동의보감에 의하면 도토리는 설사와 이질을 낫게 하고, 장과 위를 튼튼하게 하여 몸에 살을 오르게 한다. 또한 흉년 때에는 굶주림을 면하기 위해 곡식 대신에 먹는다고 한다.

표준어 '도토리(橡實)'를 가리키는 옛말에는 16세기의 어형으로 '도토리,[1] 도톨왐,[2] 도토밤[3]'으로 나오고, 이보다 전 시기인 13세

---

1) 사성통해(1517년) 하권 68쪽.
훈몽자회(1527년) 상권 11쪽.

기의 어형으로는 향약구급방에 '豬矢栗(돝익밤, 돼지의 밤)'이 있다.[4]

어원을 정확하게 고증하는 것은 어려우나 '돝'은 돼지와 관련이 있으며, 표준어 도토리는 뒷날 어간 '도톨'에 접미사 '이'가 연결되어서 생겨난 파생어이다.

표준어 도토리의 전국적인 방언 분화형은 다음과 같다.

함북 가둑밤, 도톨밤, 꼬톨밤, 가람토시
함남 도톨밤
평북 도토리, 썸밤
평남 도투리, 도토리
황해 ×
강원 꿀밤, 굴밤, 도토리
경기 도토리, 도투리, 도쿠리
충남 도토리, 도투리, 도트리
충북 꿀밤, 굴밤, 도토리
경북 꿀밤, 도토리, 도투리
경남 꿀밤, 도토리, 데토리
전북 도토리, 도투리
전남 도토리, 도투리, 데토리

---

2) 두시언해 초간본(1481년) 제25권 26쪽.
3) 두시언해 초간본(1481년) 제24권 39쪽.
4) 서정범(2000), 『국어어원사전』 184쪽 참고.

제주 동고리, 츠남여름, 츠낭여름

　제시된 자료를 정리해 보면 도토리의 방언은 도토리계 어형
(도토리, 도투리, 도트리, 데토리), 밤계 어형(가둑밤, 도톨밤, 꼬톨밤, 꿀
밤, 굴밤), 여름계 어형(츠남여름, 츠낭여름)으로 나눌 수 있다.
　도토리와 관련된 속담으로는 다음과 같은 것들이 있다.

- 도토리 키 재보기다.(정도가 고만고만한 사람끼리 서로 다툼, 또는 비
  슷비슷하여 견주어 볼 필요가 없음.)
- 도토리는 벌을 내려다보면서 열린다.(도토리는 산에서 벌을 내려다
  보고 벌이 풍년이면 안 열리고 벌이 흉년이면 잘 열림.)
- 개밥에 도토리(축에 끼지 못하고 따돌림을 당하는 외로운 처지를 두고
  이르는 말)

　존재(存齋) 이휘일(1619~1672)이 지은 시조에서 도토리는 '도트
리'로 나타나고 있다.

보리밥 지어 담고 도트릿 갱을 하여
배골난 농부들을 진시(趁時)예 머겨스라
아해야 한 그릇 올녀라 친히 맛봐 보내니라

● 보리밥을 지어 담고 도토리로 국을 끓여/ 배곯는 농부들을 빨리 먹여라/ 얘야,
한 그릇 올려라. 친히 맛봐 보내리라

돌쩌귀

유년 시절의 겨울은 왜 그리도 춥던지. 어릴 때 문풍지를 떨며 들어오는 바람을 닫느라 자꾸만 문고리를 잡아당겼다. 너무 자주 잡아당기다 보니 허술하게 박은 돌쩌귀가 떨어지면서 문은 덜커덕 열렸다. 낑낑거리면서 그것을 되박아 넣으려고 애를 쓰곤 했다.

돌쩌귀(合牌)는 문짝을 문설주에 달고 여닫게 하려고 암짝은 문설주에, 수짝은 문짝에 박아 맞추어 꽂게 된, 쇠붙이로 만든 두 개의 물건이다. 그것의 고어는 '돌져귀[1]'로 나타난다. '돌져귀>돌저귀[2]>돌쩌귀'로의 변화 과정을 겪었다. 어원은 완전히 밝힐 수는 없는 상태이나, 돌은 명사로서 문[3]의 의미를 지니는

---

1) 고금석림(1789년) 동한역어편, 필사본.
2) 청구영언(1728년) 필사본 115쪽.

것만은 확실하다.

표준어 돌쩌귀의 전국적인 방언 분화형을 제시해 본다.

함북 돌쪼구, 돌쪽, 문쩌귀
함남 돌쪽
평북 돌또구, 돌떠구
평남 돌또구, 돌또귀, 돌쪼구
황해 문쭤두리
강원 돌쩌구, 돌쪼구, 작꾸, 함마, 문고리
경기 돌쩌귀, 돌쬐기, 돌죄기, 문지두리, 지두리
충남 돌쩌기, 지두리, 작꾸, 문고리, 문고비
충북 돌쪼구, 작꾸, 함마, 지두리, 문고리
경북 돌쩌구, 돌짜구, 돌쩍, 돌짜기
경남 돌쪼구, 돌쩍, 돌쩌구
전북 돌쪼구, 돌쪽, 문꼬리, 문재비, 문베기
전남 돌쪼구, 돌쪼기, 문꼬리, 지도리
제주 도절귀, 돌철귀

　제시된 자료를 통하여 돌쩌귀의 방언을 돌쩌귀계 어형(돌쩌
귀, 돌쩌구, 돌쩍, 돌쬐기, 돌죄기, 돌쪼구, 돌쪽, 돌또귀, 돌또구, 돌똑, 돌

3) 서정범(2000), 『국어어원사전』 188쪽 참고.

짜구, 돌짜기, 돌철귀, 도절귀), 문쩌귀계 어형(문쩌귀), 문고리계 어형(문고리, 문꼬리, 문고비), 문잡이계 어형(문재비, 문베기), (문)지도리계 어형(문지두리, 문지두리, 문쬐두리), 함마계 어형(함마), 작꾸계 어형(작꾸)으로 분류할 수 있다.

관련 속담으로는 다음과 같은 것들이 있다.

- 돌쩌귀에는 녹이 슬지 않는다.(무슨 물건이나 항상 쓰는 것은 썩지 않음.)
- 돌쩌귀에 불이 난다.(문을 자주 여닫는다는 말)

청구영언에 있는 작자 미상의 시조에서는 돌쩌귀가 돌져귀로 나타난다.

창내고쟈 창을 내고쟈 이 내 가슴에 창을 내교쟈
고모장지 세 살장지 들장지 열장지에 암돌져귀 수돌져귀 배목
걸새 크나 큰 쟝도리로 뚝닥 바가 이 내 가슴에 창내고쟈
잇다감 하 답답할 제면 여다져 볼가 하노라

● 창 내고자 창 내고자 이 내 가슴에 창을 내고자/ 고무래 창, 가는 살 창, 들창, 열창에 암돌쩌귀, 수톨쩌귀, 문고리에 거는 쇠를 큰 장도리로 뚝딱 박아 이 내 가슴에 창 내고자/ 이따금 답답할 제 여닫아 볼까 하노라.

된장

'음식 맛이 장맛'이라는 말이 있다. 은근하고 곰삭은 장이 없으면 우리네 음식의 맛을 맛깔스럽게 낼 수 없기 때문이다. 그래서 일 년 살림살이 중 가장 중요한 행사로 장 담그기를 꼽는다.

장을 담글 때는 손(날수에 따라 사방으로 돌아다니면서 사람의 활동을 방해한다는 악귀. 음력으로 1·2일에는 동쪽, 3·4일에는 남쪽, 5·6일에는 서쪽, 7·8일에는 북쪽에 있음)이 없는 날인 9·10·19·20·29·30일을 많이 택한다.

장에는 된장, 고추장, 간장이 있으나 뭐니 뭐니 해도 된장이 가장 중요한 조미료이다. 표준어 '된장(醬滓, 土醬)'은 어원적으로 형용사의 어간 '되(硬)'+어미 'ㄴ'+명사 '장(醬)'으로 이루어진 합성어로, 고어는 '된쟝'[1]이고 후일 다시 요즘의 표기인 된장으로 바뀌었다.

표준어 된장의 전국적인 방언 분화형을 나타내 본다.

함북 장, 행새
함남 북장, 흑실, 흑시리, 장
평북 장:, 재:장, 토장, 토실, 흑시리
평남 장
황해 장, 토장
강원 장:, 댄장
경기 장:
충남 덴장, 장(:)
충북 덴장, 댄장, 된장, 딘장, 디장
경북 덴(:)장, 된장, 딘장, 디장, 띠장, 튀장, 날티장
경남 댄장, 덴장, 딘장, 띠장
전북 장:, 댄장, 덴장, 됀장
전남 장(:), 댄(:)장, 덴(:)장
제주 장, 뒌장

제시된 분화형을 통하여 된장의 방언을 장계 어형(장:, 장), 된
장계 어형(댄:장, 덴:장, 뒌장, 된장, 딘장, 디장, 띠장), 토장계 어형(토

1) 물명유고(1824년) 제3권 10쪽.

장, 튀장, 날튀장), 흑실계 어형(흑실, 흑시리) 등으로 크게 분류할
수 있다.

장계 어형이 전국적인 분포를 보이는 가운데, 된장계 어형은
북부 지역을 제외한 여타 지역에서 나타나고 있다. 평북 지역
에서 보이는 '재:장' 어형은 한자 장재(醬滓)에서 음절이 도치되
었고, 토장(土醬)은 된장의 또 다른 한자이다.

관련 속담으로는 다음과 같은 것들이 있다.

- 된장 맛이 좋아야 집안이 잘된다.(주부의 솜씨가 좋아야 집안도 번
  영한다.)
- 된장 신 것은 일 년 원수요 아내 못된 건 평생 원수다.(아내를
  잘못 얻으면 일평생을 두고 속을 썩인다.)
- 된장 아껴 잡은 개도 먹지 않는다.(작은 것을 아끼다 큰 것을 손해
  본다.)
- 된장에 풋고추 박히듯 했다.(어떤 장소에 사람들이 꼭 틀어박혀 있는
  것을 말함.)

두꺼비

김용택 시인이 노래한 섬진강(蟾津江)은 아름답고 맑은 강의 대명사이다. 그러나 요즈음 많이 오염되어 가고 있어 이 시인은 목소리 높여 섬진강의 보호를 절규한다. 섬진강의 명칭 유래는 두꺼비와 관련이 있다. 고려말 우왕 11년(1385년)에 왜구들이 이곳으로 쳐들어왔을 때, 두꺼비가 요란하게 울어 이들을 물리쳤다는 이유에서 섬진강이라 불린단다.

표준어 '두꺼비(蟾)'의 전국적인 분화 양상을 살펴보면 함경북도와 제주도 지역에 실현되는 '두터비, 두테비, 두체비' 어형이 특히 주목을 끈다. 그 외 지역에서 나타나는 어형은 대동소이하다.

함북 두터비, 두테비

함남 두꺼비, 뚜께비
평북 두께비, 뚜께비
평남 두께비, 뚜께비,
황해 두께비, 두꾀비
강원 두께비, 뚜께비
경기 두꿰비, 두꾀비
충남 두께비, 뚜꺼비
충북 두꺼비, 두께비
경북 뚜께비, 뚜끼비
경남 뚜깨비, 뚜꾸비
전남 두께비, 뚜깨(:)비
전북 뚜꺼비, 뚜께비
제주 두테비, 두체비, 두께비

　민속에서 두꺼비는 다산, 정력을 의미한다. 한 소주 회사의 상표가 바로 그것이다. 또한 두꺼비는 구렁이, 돼지, 소 등과 함께 집지킴 또는 재복신(財福神)으로 상징된다. 민담인 『콩쥐팥쥐전』에 나오는 두꺼비는, 궁지에 몰린 콩쥐가 독에 물을 가득 채울 수 있도록 배려해 주는 고운 심성을 지녔다.
　전래되는 민요(경주 지방)에 보면, "뚜낍아, 뚜낍아,/ 네 등이 와 그렇노. 전라 감사 살 적에/ 기생첩을 많이 해서/ 청이 올라 그렇다.///(하략)"에 나타나듯이 그것은 토색질의 의미로 실현된다.

두꺼비와 관련된 속담 중 흥미를 끄는 몇 개를 아래와 같이 추려 보았다.

- 개에게 놀란 두꺼비다.(겁쟁이)
- 두꺼비가 콩대에 올라가 세상이 넓다고 한다.(좁은 견문)
- 두꺼비 파리 잡아먹듯 한다.(빠른 포획)
- 두꺼비 나이 자랑하듯 한다.(엉큼한 실속처럼.)

다음 사설시조에서 두꺼비는 지방 관리 또는 무능한 양반, 파리는 힘없고 나약한 백성, 백송골(흰 송골매)은 힘 있는 중앙 관리 또는 외세를 나타내는 것이다.

두터비 파리를 물고 두엄 위로 치다라 앉아
건너편 산 바라보니 백송골(白松骨)이 떠 있거늘 가슴이 끔쯕하
여 풀떡 뛰어 내닫다가 두엄 아래 자빠졌구나
마침 날랜 나였기에 망정이지 하마터면 멍들 뻔하였구나.

지금까지 살펴본 바 '두꺼비'는 논자에 따라 좋은 이미지와 나쁜 이미지로 평가되고 있다. 이는 동일한 대상이라도 보는 이의 관점에 따라 얼마든지 다르게 볼 수 있기 때문이리라.

두더지

표준어 '두더지(田鼠)'의 고어는 '두디지[1]'로 나타나는데, 후일 '두디지>두더쥐'[2]로 변화되었다. 이는 어간 '두디-(뒤지-)'와 명사 '쥐'의 합성법으로 만들어진 것으로서 그 뜻은 '뒤지는 쥐'다.

표준어 두더지의 전국적인 분화형은 다음과 같다.

함북 두두지, 뚜뚜지, 따뚜지
함남 두두지, 뚜두지, 뚜뚜지, 따뚜지
평북 두데지, 두뒈지, 디더디, 디저지
평남 두데지, 두뒈지, 두뒈지

---

1) 훈몽자회(1527년) 상권 19쪽.
2) 역어유해(1690년) 하권 33쪽.

황해 ×

강원 두더기, 두데기, 두제기, 두지기

경기 두도지, 두데기, 쥐더지, 쥐도지

충북 두데기, 두제기, 두지기, 쥐디기

충남 두데기, 두디기, 두제기, 두들기

경북 두디기, 디지기, 띠지기, 디저구

경남 디디이, 띠지기, 지지기, 뚜지기

전북 두제기, 두지기, 뒤지기, 디지기

전남 두지기, 뒤제기, 뒤지기, 쥐데기

제주 늑다리, 지다리, 오로

위 자료를 통해 볼 때, 방언 분화형은 대개 고어 '두디지'로 부터 변화되었음을 알 수 있으나, 함북·함남의 '따뚜지' 어형은 '따(땅)'과 '두두지(두더지)'의 '두지'가 섞인 혼효어(混淆語)이며, 경기·충북·전남에서 보이는 일부 어형은 '쥐'와 '두더지'가 결합된 '쥐더지' 계통의 혼효어로 분석된다. 특히 제주 지역에서 보이는 어형은 이채롭다.

두더지는 속담에서 꼬리, 혼인, 땅굴, 나비, 농부 등에 비유되어 널리 사용되고 있다.

• 두디지 꼬리만 하다.(매우 작다.)

- 두더지 혼인이다.(남에게 널리 알리지 아니하고 집안 사람들끼리만 모여서 하는 혼인. 자기보다 훨씬 나은 사람과 혼인하려고 애쓰다가 마침내는 동류끼리 혼인하게 됨.)
- 두더지 땅굴 파듯 한다.(일을 욕심스럽게 마구 해대는 모습. 목적한 바를 이루기 위하여 꾸준하고 인내심 있게 노력함.)
- 두더지는 나비가 못 되라는 법 있나?(남들이 전혀 생각하지 못하는 것도 생각해 볼 수 있다.)
- 농부는 두더지다.(농부는 땅을 파서 먹고산다는 말)

두더지를 소재로 한 시조가 병와가곡집에 전한다. 여기에서 두더지는 '두지쥐' 어형으로 나타나고 있다.

간밤의 자고 간 그놈 못 잊어라
와얏(瓦冶人)놈의 아들인지 진흙에 뽐내듯이 사공놈의 성녕(成伶)인지 사어(沙於)쩌로 지르듯이 두지쥐 영식(令息)인지 곳곳지 두지드시 평생에 처음이오 흉증(凶症)이도 야릇라.
전후(前後)에 나도 무던히 겪었으되 참 맹서(盟誓)하지 간밤 그놈은 참아 못 잊어 하노라.

● 간밤에 자고 간 그놈 못 잊어라/ 기와를 만드는 사람의 아들인지 진흙에 뛰놀듯이, 사공이 삿앗대로 지르듯이, 두더쥐 아들인지 곳곳이 뒤지듯이 평생에 처음이오. 음흉히도 얄궂어라/ 전후에 나도 무던히 겪었으되 간밤 그놈은 차마 못 잊어 하노라.

두부

새벽녘에 땡그렁 땡그렁 작은 손 종을 울리며 요란하게 잠을 깨우는 노인네가 있다. 지게 위에 두부를 지고서 좁은 동네 골목을 돌면서 두부를 사라고 목청을 돋운다. 귀밑까지 드리워진 모자를 쓰고 하얀 입김을 불어대는 두부 장수의 모습이 지금은 추억의 한 모퉁이에 자리 잡고 있다.

두부(豆腐)는 콩 제품 가운데 가장 대중적인 가공품으로 양질의 식물성 단백질이 풍부하다. 중국 한(漢)나라의 회남왕 유안이 발명한 것이 시초라고 한다.

한국 문헌에는 고려 말기의 성리학자 이색의 『목은집(牧隱集)』에 대사구두부내향(大舍求豆腐來餉)이라는 시에서 처음으로 언급된다. "나물죽도 오래 먹으니 맛이 없는데, 두부가 새로운 맛을 돋우어 주어 늙은 몸이 양생하기 더없이 좋다."라는 구절이다.

두부의 전래 시기는 분명하지 않으나, 고려 말기에 원(元)으로부터 전래되었을 가능성이 크다고 한다. 표준어 '두부(豆腐)'의 고어는 '두부[1]'로 나타난다.

표준어 두부의 전국적인 방언 분화형을 제시해 본다.

함북 드비, 디비, 두위
함남 두비, 뒤비, 드부, 드비, 디비
평북 뒤비, 두구
평남 두부
황해 뒤비
강원 뒤비, 드부, 두부, 존푸
경기 두부, 드부
충남 두부, 뚜부
충북 두부
경북 조(:)포, 조(:)푸, 조(:)피, 두부
경남 조(:)포, 조(:)푸, 조(:)피, 드부, 뚜부, 뜨부
전북 뚜부, 뜨부, 두부
전남 뚜부, 뜨부, 두부
제주 둠비

---

1) 동의보감(1613년) 제1권 30쪽.

이상의 자료를 통하여 두부의 방언을 두부계 어형(두부, 뚜부, 두위, 두구, 두비, 둠비, 드부, 뜨부, 드비, 뒤비, 디비)과 조포계 어형(조:포, 조:푸, 조:피, 존푸)으로 크게 나눌 수 있다.

조포계 어형은 경북, 경남, 강원 지역에 국한되어 나타나는데, 그 중심 지역은 경상도이다.

조:포(造脯)는 조선 시대에 나라의 제사(祭祀)와 시호(諡號)에 관한 일을 맡아보던 봉상시에서 제사상에 쓰려고 크게 만든 편포(片脯)인데, 두부의 다른 명칭이다.

두부계 어형 중 된소리를 보이는 뚜부, 뜨부 어형은 전라도 지역에서 발생하여 주변 인근 지역으로 번져 나간 것으로 파악된다.

두부와 관련된 다음의 속담들을 살펴보면 두부의 성질에서 '무르고, 부드럽고, 쉽다'는 뜻이 연상된다.

- 두부살이다.(무른 살이 뚱뚱하게 졌다.)
- 두부 딱딱한 것과 여자 딱딱한 건 쓸모가 없다.(여자는 상냥하고 부드러워야 한다.)
- 두부 먹다 이 빠진다.(마음을 놓는 데서 실수가 생기는 것이니 항상 조심하라, 또는 틀림없는 데서 뜻밖의 실수를 하게 된다.)
- 두부에 못 박듯 한다.(일하는 데 힘 하나 들이지 않고 할 수 있다.)

매미

여름이면 녹음이 우거진 나무 아래서 매미는 맴맴맴 노래를 한다. 오랜 땅속 생활에서 벗어나 하늘의 이슬을 받아먹으면서 생의 환희를 부른다. 우는 매미(蟬)는 수컷으로 울음을 통해 암컷을 유인하여 교미를 한다. 우리에게는 노래하는 것처럼 보이나, 사실은 종족 보존을 위해 치열하게 몸부림친다.

매미는 덧없는 목숨의 대명사가 될 만큼 수명이 짧다. 매미의 성충 기간은 보통 10~20일간이지만 유충기는 매우 길어 6년에서 17년 동안을 땅속에서 보낸다. 매미가 노래하는 기간은 그의 일생을 통해 볼 때 너무나 짧기만 하다.

표준어 매미의 고어는 '미아미[1]'로 나타난다. 요즘의 형태로

---

1) 두시언해 초간본(1481년) 제15권 27쪽.

나타나기까지의 변화 과정은 '민아미>민야미2)>민얌이3)>민암이4)'이다.

어원을 분석하면 부사 어근 '매암(소리시늉말)'+명사형 접미사 '이'로 이루어졌으며, 단어 구성상으로 볼 때 파생어에 속한다.

표준어 매미의 전국적인 방언 분화형을 나열해 본다.

함북 매:미
함남 매:미
평북 매:미, 매아미
평남 매:미, 매아미
황해 매:미, 매아미
강원 매(:)미, 맴:, 매영이
경기 매(:)미
충남 매(:)암, 매(:)미, 먀(:)미
충북 매(:)미, 매아미
경북 메영이, 메렝이, 메링이
경남 매:미, 매롱, 매랭이 매링이
전북 메(:)미, 매(:)미
전남 메:미, 매(:)미, 매아미, 매라지, 미라지

---

2) 훈몽자회(1527년) 상권 22쪽.
3) 왜어유해(1781~1782년경) 하권 26쪽.
4) 물보(1802년) 비충.

제주 자리, 재열, 잴:, 재:

제시된 분화형을 통하여 매미의 방언을 매:미계 어형(매(:)미, 매아미, 먀(:)미, 매(:)얌, 맴:), 매영이계 어형(매영이, 메영이), 매롱이계 어형(매롱, 매랭이, 매링이, 메렝이, 메링이), 매라지계 어형(매라지, 미라지), 재열계 어형(재열, 잴:, 재:)으로 분류할 수 있다.

매미와 관련된 속담으로는 다음과 같은 것들이 있다.

- 매미 팔자다.(매미마냥 시원한 나무 그늘에서 노래만 부르듯이 술집에서 노래만 부르고 놂.)
- 매미가 눈(雪) 얘기하는 격이다.(도무지 알지 못하는 것을 아는 척함.)
- 매미 날개 같다.(매미 날개 같이 시원해 보인다는 뜻)

가곡원류에 죽재(竹齋) 호석균(생몰년 미상)이 매미를 소재로 지은 시조가 나온다. 여기에서 매미는 '매암(이)'로 나타난다.

세류(細柳) 청풍(淸風) 비갠 후에 우지 마라 저 매암아
꿈에나 님을 보려 겨우 든 잠을 깨오느냐
꿈 깨어 곁에 없으면 병 되실가 우노라

● 가는 버들 맑은 바람 비갠 후에 울지 마라 매미야/ 꿈에나 님을 보려 겨우 든 잠을 깨우느냐/ 꿈에서 깨어 님이 곁에 없으면 병이 될까 우노라

멍석

아파트 생활을 해서 그런지 무더운 여름철에 평상이나 멍석을 깔아놓고 밤하늘의 별자리를 찾아보던 어린 시절이 그리워진다. 멍석(薦席)은 짚으로 결어서 만든 큰 자리를 말한다. 시골에서는 멍석에다 곡식을 널어 말리거나, 잔칫날이나 무더운 여름날 펴서 이용하기도 한다.

또한 개망나니 짓을 하는 못난이가 동네에 살면 동민들이 동네 어른들과 의논을 하여, 그 사람을 멍석에 둘둘 말아 몽둥이로 치는 멍석말이로 혼을 내주곤 하였다. 장례를 치를 형편이 못 되는 시체를 멍석에 말아서 산골짜기에 내다 버리는 멍석말이도 있다.

이처럼 멍석은 우리들의 생활과 밀접한 관련을 맺고 있지만, 그것의 어원에 대해서는 정확히 알 수는 없다. '멍덕1)>멍석'으로 변했다는 주장과 '망석(網席)>멍석'으로 변했다는 주장이 있다. 망석이라는 단어가 『국어대사전』(이희승 저)에는 등재되어 있으나 고어사전에는 그러하질 못하여 현재로선 정확한 출처를 알 수 없다.

표준어 멍석의 전국적인 방언 분화형을 살펴본다.

함북 멍석, 멍세기, 멍섹, 초석, 덕석
함남 턱석, 턱서기, 턱세기, 턱성, 건치
평북 몽석, 탕석
평남 몽석
황해 몽석
강원 멍석, 진멍석
경기 멍석
충북 멍석
충남 멍석, 덕석
경북 멍석, 멍시기, 덕석, 덕시기
경남 덕석, 덕시기
전북 덕석, 멍석
전남 덕석, 더썩
제주 덩석, 멍석, 초석

1) 구급간이방(1489년) 제6권 12쪽.

이상의 자료를 통하여 멍석의 방언을 멍석계 어형((진)멍석, 멍시기), 몽석계 어형(몽석), 덕석계 어형(덕석, 덕시기, 덕셕, 더썩), 덩석계 어형(덩석), 턱석계 어형(턱석, 턱서기, 턱세기, 턱셩), 탕석계 어형(탕석), 초석계 어형(초석), 건치계 어형(건치) 등으로 분류할 수 있다.

멍석과 관련된 속담으로는 다음과 같은 것들이 있다.

- 멍석 구멍에 생쥐 눈 뜨듯 한다.(몹시 겁이 나서 어쩔 줄 모르고 살금살금 눈치만 봄.)
- 멍석도 없이 고무래질한다.(제대로 갖출 것을 갖추지 않고 일을 하려고 함.)
- 하던 지랄도 멍석 펴 놓으면 안 한다.(평소에는 시키지 않아도 곧잘 하던 일을 정작 남이 하라고 권하면 아니한다는 말)

아래에 있는 작자 미상의 시조에서 멍석을 지금과 같이 멍석이라고 표기한 것을 확인할 수 있다.

얼구 금구 금구 얼구 줄육 준오 사오짝 것구 쳉이 밋살 것구
우박 마진 재덤이 것구 석쇠 망태 버레 머근 삼닙 것구 연죽
(竹) 즌 자판(板) 것구 하미(下米) 즌 멍석 것구

● 얽고 검고 검고 얽고 골패짝 같고 쳉이 그물 같고 우박 맞은 잿더미 같고 석쇠 망태 벌레 먹은 삼잎 같고 연죽 진 자판 같고 하미(품질이 나쁜 쌀) 진 멍석 같고

메기

『동의보감』에 의하면 메기는 오줌을 잘 나가게 하고 부기를 가라앉히는 약성을 지닌다. 메기의 침은 목이 쉬 말라 물을 자주 켜는 소갈증을 치료한다고 한다.

표준어 '메기(鮎魚)'의 고어는 '머유기[1]'이다. 그 후 '머유기 > 메유기[2] > 머여기[3] > 머역이[4] > 메억이[5] > 메:기'로 변화되었다. 어원은 미상이다. 표준어 메기의 전국적인 방언 분화 양상은 아래와 같다.

---

1) 사성통해(1517년) 하권 82쪽.
2) 훈몽자회(1527년) 상권 21쪽.
3) 동의보감(1613년) 탕액편 2권 3쪽.
4) 병인연행가(1866년) 생선풀이 부분. <박재연 외(2010), 『필사본 고어대사전』 제3권 90쪽 참고>
5) 몽유(간행 연대 미상) 동물 15쪽. <박재연 외(2010), 『필사본 고어대사전』 제3권 99쪽 참고>

함북 메사귀, 메사구, 메사기
함남 메사귀, 메사구, 메사기
평북 메사구
평남 메사구, 메기
황해 메사구, 메기, 미(:)기
강원 메사구, 메(:)기, 미(:)기
경기 메사구, 미기, 미유기
충남 메사구, 미사구, 메(:)기, 미기
충북 메사구, 미사구, 메기
경북 미(:)기, 메(:)기, 미여기, 미사구
경남 매사구, 미사구, 메구지, 미거지, 미(:)기
전북 메기, 매기, 미애기, 미여기, 미기
전남 매(:)기, 미(:)기, 며기, 미애(:)기, 미에(:)기, 미여기

위에서 살펴본 바 표준어 메기의 분화형은 메사귀계 어형(메사귀, 메사기, 메사구, 미사구)과 메유기계 어형(미유기, 미여기, 미애(:)기, 미에(:)기, 메(:)기, 미(:)기)으로 크게 나뉜다. 전자는 어떤 고어사전에도 등재되어 있지 않아 주목을 끌고 있다.

속담에 사용된 메기의 특징은 주로 작은 눈, 큰 입, 침, 쏘는 행위 등이다.

- 메기가 눈은 작아도 저 먹을 것은 다 본다.(아무리 식견이 좁은 자라도 제 살길은 다 마련하고 있다.)
- 메기 아가리 큰 대로 다 못 먹는다.(아무리 욕심을 내서 다 독차지 하려고 해도 마음대로 되지 않는다.)
- 메기 침 흘리듯 한다.(무엇을 질질 흘린다. 흐르는 물이 너무 적다.)
- 메기 비늘이다.(억지를 부린다.)
- 메기 잔등에 뱀장어 넘어가듯 한다.(무슨 일을 하는 줄도 모르게 슬그머니 한다.)
- 산골 메기가 쏜다.(산골 사람 성미가 도시 사람보다 사납다.)

메기를 소재로 다룬 시조가 『병와가곡집』에 실려 있는데, 여기에서는 메기의 잘 뒤집는 모습을 형상화했다.

바둑바둑 뒤얽어진 놈아 제발 빌자 네게 냇가에란 서지 마라
눈 큰 준치, 허리 긴 갈치, 두루쳐(잘 뒤집는) 메오기, 츤츤(칭
칭) 가물치, 부리 긴 공치, 넙적한 가자미, 등 굽은 새오, 겨레
(종자가) 많은 곤장이, 그물만 여겨 풀풀 뛰여 다 달아났는데
겁 없이 생긴 오적어 둥괴는고나(쩔쩔매는구나)
진실로 네 곧 와서 있으면 고기 못 잡아 대사이러라

● 곰보야 냇가에 오지 마라/ 준치, 갈치, 메기, 가물치, 꽁치, 가자미, 새우, 곤쟁이 는 그물인 줄 알고 달아났는데 겁 없는 오징어만 쩔쩔매는구나/ 네가 오면 고기 를 못 잡으니 큰일이다.

특히 이 시조에서 얽어진 얼굴(곰보)를 그물에 비유한 발상과
고기들의 특징을 자세하게 묘사한 것은 대단히 재미있다.

메뚜기

청도 운문사에 구경 갔을 때였다. 경내를 도는데 잔디 위에서 방아깨비를 보았다. 참으로 오랜만에 보는 메뚜깃과의 곤충이었다. 요즈음 환경오염 탓으로 메뚜기를 보는 것이 힘이 든다.

표준어 '메뚜기(阜螽)'의 고어는 '묏도기¹⁾'로 나타나며, 그 후 '묏도기 > 묏독이²⁾ > 뫼쭉이³⁾ > 뫼쏘기* > 뫼뚜기* > 메뚜기'로 변화되었다. 표준어 '메뚜기'는 어근 '뫼(山)'+사잇소리 'ㅅ'+어근 '도기(虫)'의 합성어로, 산충(山虫) 또는 야충(野虫)의 어원적 의미를 지닌다. 이것의 전국적인 방언 분화형은 제주도의 '만축, 말축, 만죽' 어형을 제외하고는 거의 비슷하다.

---

1) 훈몽자회(1527년) 상권 23쪽.
2) 역어유해보(1775년) 17쪽.
3) 물보(1802년) 비충.

함북 매떼기, 매띠기, 매뚜기
함남 뫼떼기, 매띠기, 매뚜기
평북 메뚤기, 멜뚜기, 메뛰기
평남 메뚤기
황해 메뚜기, 메뜨기
강원 메떼기, 메뛰기, 미뚜기
경기 메뚤기, 메뚜기, 메뛰기, 메띠기
충남 모떼기, 뫼떼기, 메뚜기, 메뛰기
충북 모떼기, 메떼기, 메띠기, 미뚜기
경북 메떼기, 밀띠기, 미띠기
경남 매띠기, 미띠기, 미투기, 미티기
전북 메떼기, 메뛰기, 땅구
전남 메떼기, 메뚜기, 메뛰기
제주 만축, 말축, 만죽

우리가 익히 아는 '메뚜기도 오뉴월이 한철이다.'라는 것 말
고도 메뚜기가 등장하는 속담은 생각 외로 많다.

- 메뚜기 등에 당나귀 짐을 싣는다.(어른이 할 일을 아이들에게 시킴,
  또는 되지도 않을 일을 알면서 시킴.)
- 메뚜기 이마다.(메뚜기처럼 머리가 벗어진 사람)
- 산신 제물에 메뚜기 뛰어들듯 한다.(산신제 지낼 때 메뚜기가 덤벼

들듯이, 음식을 보고 마구 덤벼드는 사람)

- 처녀 웃음은 메뚜기 뛰듯 한다.(처녀는 웃었다 그쳤다 하면서 웃음)
- 가을 메뚜기처럼 안고 죽자 업고 죽자 하는 격이다.(늦가을 추위에 메뚜기가 서로 안았다 업었다 하다가 얼어 죽듯이, 무슨 난처한 일을 해결하지 못하고 서로 고생만 함.)
- 서리 맞은 메뚜기다.(서리 맞은 메뚜기처럼 풀이 죽은 사람을 비유함.)

이상에서 살펴본 바 '메뚜기'는 등, 이마, 뛰어듦, 계절로 비유되어, 우리들의 언어생활을 윤택하게 하고 있다.

청구영언에 메뚜기를 소재로 한 시조가 실려 있다. 이 시조에서 표준어 '메뚜기'는 '묏독'으로 나타난다.

청개고리 腹疾(복질)하여 죽은 날에
금두텁 花郎(화랑)이 즌호고(길을 인도하고) 새남(천도굿) 갈시
청묏독(푸른 메뚜기) 겨대(큰 굿을 할 때 풍악을 하는 사람)는
장구 덩더러쿵 하는데 흑묏독(검은 메뚜기) 典樂(전악)이 적(笛)
힐니리(닐니리) 분다
어듸서 山진 거북 돌진 가재는 舞鼓(무고)를 둥둥 치나니

● 청개구리가 배앓이로 죽은 날에/ 금 두꺼비 무당이 천도 굿할 때 푸른 메뚜기가 장구를 치고, 검은 메뚜기는 적을 불고,/ 어디서 산을 진 거북, 돌을 진 가재는 무고를 친다.

모래

10년이면 강산도 변하듯이 모래도 처음부터 모래가 아니었다. 모래(砂)는 자연히 잘게 부스러진 돌 부스러기를 의미한다. 바닷가의 모래든 사막의 모래든 마찬가지다. 그러나 바닷가를 떠올릴 때와 사막을 떠올릴 때의 느낌은 전혀 다르다. 수많은 돌이 부서져 모래가 되듯이 세상의 많은 일을 겪으면서 우리의 모습도 변해갈 것이다.

모래의 어원을 분석해 보면, 명사 어근 '몰'에 명사형 접미사 '개'가 결합되어 '몰개* > 몰애[1] > 모리[2] > 모래'로 변화되었다. 모래는 단어 구성상으로 볼 때 파생어에 속한다.

표준어 모래의 전국적인 방언 분화형을 제시해 본다.

---

1) 월인석보(1459년) 제13권 7쪽.
2) 병와가곡집(1713년) 필사본 8쪽.

함북 모새, 목새, 몰개, 몰개미

함남 모새, 목새, 몰개, 몰개미

평북 모새, 몰개, 모래

평남 모새, 몰개, 모래

황해 몰개

강원 몰개, 모새, 모래, 몽개

경기 몰개, 모래, 몰래

충북 모새, 몰개, 모래

충남 모새, 모래, 모세

경북 몰게미, 몰게, 몰레

경남 모새, 몰개, 모갈, 모래

전북 모새, 목새, 모래

전남 모살, 모새, 목새, 모래, 복새, 북새

제주 모살, 몰래

  이상의 방언형을 통하여 모래의 방언을 모새계 어형(모새, 모세, 목새, 복새, 북새), 몰개계 어형(몰개, 몰게, 몰개미, 몰게미, 몽개), 모래계 어형(모래, 몰래, 몰레), 모갈계 어형(모갈), 모살계 어형(모살) 등으로 분류할 수 있다.

  모래와 관련된 속담은 다음과 같다.

- 모래가 싹 나겠다.(결코 있을 수 없는 일)
- 모래밭에 물 붓기다.(아무리 애를 써서 일을 해도 아무 성과가 없음.)
- 모래 위에 쌓은 성이다.(바탕이 약하여 오래가지 못함.)
- 모래밭에서 바늘 찾기다.(거의 불가능한 일을 의미하는 말)

죽창(竹窓) 구용(1569~1601)이 지은 시조에서 모래는 '모러'로 나타난다.

벽해(碧海) 갈류후(渴流後)에 모러 모혀 섬이 되어
무정방초(無情芳草)는 해마다 푸르거든
엇더타 우리의 왕손(王孫)은 귀불귀(歸不歸)를 하나니

● 짙푸른 바닷물이 다 흐른 뒤에 모래가 모여 섬이 되고,/ 아무런 정이 없는 향기
로운 풀은 해마다 푸르거늘/ 아쉽도다 우리의 왕손은 가고 돌아오지 않네

무

동의보감에 의하면 무는 여러 가지 채소 중 이롭기만 하고 해로운 것이 전혀 없는 가장 좋은 채소이다. 사철에 다 난다. 봄에는 싹을 먹고, 여름에는 잎을 먹으며, 가을에는 줄기를 먹고, 겨울에는 뿌리를 먹는다. 흉년 때에는 식량을 대신하여 쓴다. 오장을 좋아지게 하고 음식을 소화시키며 기를 내리고 황달을 치료한다. 이외에도 소갈을 멎게 하고 뼈마디를 잘 놀리게 하며 기침을 낮게 하는 데도 쓰인다.

표준어 '무(菁)'의 고어는 '무수1)'인데, 이것의 변화 과정을 보면 '무수＞무우2)＞무'로 되었다. 어원은 미상이다.

표준어 무의 전국적인 방언 분화형은 다음과 같다.

---

1) 두시언해 초간본(1481년) 제16권 70쪽.
2) 어제소학언해(1744년) 제6권 126쪽.

함북 무끼, 미끼, 무수

함남 무끼, 무꾸, 무수

평북 뭉이, 무(:)

평남 무이, 무(:)

황해 무유, 무이

강원 무꾸, 무수, 무이, 무

경기 무유, 무(:), 무이

충남 무수, 무시, 무(:)

충북 무수, 무꾸, 무시, 무(:)

경북 무꾸, 무시, 무수, 무끼

경남 무시, 무수

전북 무시, 무수

전남 무시, 무수

제주 눕삐, 남삐, 눕피

위 자료를 자세히 살펴보면 무의 방언이 무끼계 어형(무끼, 무꾸), 무시계 어형(무시, 무수), 무우계 어형(무우, 무유, 무이, 무(:)), 눕삐계 어형(눕삐, 남삐, 눕피)으로 분류된다는 것을 알 수 있다.

무를 소재로 한 속담으로는 다음과 같은 것들이 있다.

• 무하고 여자는 바람 들면 못 쓴다.(무는 바람 들면 못 먹게 되고, 여자는 바람이 나면 신세를 버리게 됨.)

- 싱겁기는 오뉴월 무다.(여름 무가 맛이 없음, 싱거운 사람)
- 무는 많이 먹으면 약이 되고, 참외는 많이 먹으면 병이 된다.(무는 많이 먹으면 약이 되어 건강하지만, 참외는 많이 먹으면 배탈이 나게 됨.)
- 무 먹고 트림하면 산삼 먹은 것보다 낫다.(무는 먹은 뒤에 트림을 해야 소화가 잘된 것이고, 소화를 잘 시키면 몸에 매우 이로움.)
- 무에 털뿌리가 많으면 겨울이 춥다.(가을무에 털뿌리가 많다는 것은, 그해 겨울이 춥다는 뜻)
- 무밥은 양념 맛으로 먹는다.(무밥은 질퍽해서 별맛은 없지만 양념을 맛있게 해서 비벼 먹으면 맛이 좋다는 뜻)

  나씨가범에 송암(松巖) 나위소(1582~1666)가 무를 소재로 쓴 시조가 있다. 여기에서 무는 '무우'로 나타난다.

  피 소주(燒酒) 무우저리 우읍다 어른 접대
  늙은셔 닐은 말이 초초(草草)타 ᄒ거마는
  두어라 니도 내 분(分)이니 분내사(分內事)인가 ᄒ노라

  ● 피(稷)로 담은 술과 무 겉절이로 어른을 접대하니/ 남들은 초라하다고 말하지만/ 이것이 내 분수에 맞는 일인가 하노라

무지개

무지개(彩虹)는 공중에 떠 있는 물방울이 햇빛을 받아 나타나는 반원형의 일곱 빛깔의 줄을 말한다. 한줄기 세찬 소나기가 내린 후에 예쁜 무지개가 뜬다. 소나기가 강렬한 타악(打樂)이라면 무지개는 부드러운 명상 음악에 견줄 수 있다. 강약의 조화가 이루어지는 자연의 이치는 실로 오묘하다. 만일 소나기 뒤에 무지개가 나타나지 않는다면 우리들의 마음은 얼마나 삭막할까?

'무지개'의 고어는 '므지게1)'로 나온다. 이것의 어원은 명사 어근 '믈(水)'과 명사 어근 '지게(門)'의 결합으로 이루어졌는데, 단어 구성상으로 볼 때 합성어에 해당한다.

---

1) 용비어천가(1447년) 50장.

어원에 대한 여러 가지 설이 있는데, 그중에서도 가장 설득력이 있는 설에 의하면, 무지개는 작은 물방울들이 햇빛에 반사되어서 문처럼 보이는 현상이기 때문이라는 것이다. '믈지게*>므지게>무지게2)>무지개'로 변화 과정을 보인다.

표준어 무지개의 전국적인 방언 분화형을 나열해 본다.

함북 무지게
함남 무지게
평북 무지게
평남 무지개
황해 무지개
강원 무지개, 무지게, 무:지개
충북 무지개, 무지게, 무:지게
충남 무지개, 무지게
경북 무지기, 무지게, 무:지게
경남 무지기, 무지게, 무지개
전북 무지기, 무지게, 무지개
전남 무지기, 무지게, 무지개, 무:지개
제주 황고지, 호앙고지, 항고지, 황구지, 상고지, 사아고지

---

2) 왜어유해(1783년 이후~1789년 이전) 상권 2쪽.(왜어유해 간행 연도는 『국어국문학자료사전』 참조)

제시된 분화형을 통해서 무지개의 방언이 무지게계 어형(무(ː) 지개, 무(ː)지게, 무지기)과 황고지계 어형(황고지, 호앙고지, 항고지, 황 구지, 상고지, 사아고지)으로 분류되는 것을 확인할 수 있다. 특히 제주도 방언에 나타나는 황고지계 어형이 한반도와 달리 매우 특이하게 나타난다. 상고지는 '황고지＞항고지＞상고지'로 변 화되었다. 특히 '항고지＞상고지'는 '힘＞심'의 구개음화의 유 추로 해석될 수 있다. 황고지의 의미는 '황곶＞황꽃(누런 꽃)'의 의미를 지닌 것으로 이해된다.

관련 속담으로는 '무지개가 서쪽에 서면 강 건너 맨 소를 들 여 매랬다.(무지개가 서쪽에 서면 비가 많이 온다는 말)'가 유일하다.

미꾸라지

대중의 보양식인 미꾸라지는 우리나라 전 하천에 서식한다. 그래서인지 미꾸라지의 방언형은 매우 다양하게 나타난다.

표준어 '미꾸라지(鰍魚)'의 고어는 '믯그리[1]'로 나타난다. 이것은 부사 어근 '믯글(미끌의 뜻을 지닌)'에 명사형 접미사 '이'가 결합되어 만들어 졌다. 단어 구성상으로 볼 때 파생어이다.

믯그리가 미꾸리로 되기까지의 변화 과정은, '믯그리>믯구리[2]>믜쑤리[3]>미꾸리'이다. 표준어 미꾸라지는 '미꾸리'에 다시 접미사 '아지'가 결합되어서 뒷날 만들어진 것이다.

허준의 『동의보감』과 황필수의 『방약합편』에서도 '미꾸리는

---

1) 역어유해(1690년) 하권 37쪽.
2) 훈몽자회(1527년) 상권 11쪽.
3) 동의보감(1610년) 탕액편 제2권 4쪽.

술을 깨게 하고 당뇨병을 다스리며 속을 보하여 설사를 멎게 한다.'고 상세하게 기술되어 있다.

표준어 미꾸라지의 전국적인 방언 분화형은 다음과 같다.

함북 미꾸라지, 징구매, 종개, 돌중개
함남 쇠처네, 소처네
평북 징금당우, 징구막지
평남 징구래기, 미끼랑지
황해 매꾸락지, 미끄래기, 징구리, 징굴락지
강원 미꾸리, 미꾸라지, 미꾸락지, 미꾸람지, 용주래기
경기 미꾸리, 미꾸라지, 미끄라지
충남 미꾸리, 미꾸라지, 미꾸람지
충북 미꾸리, 미꾸라지, 미꾸람지
경북 미꼬라지, 미꾸라지, 메꾸라지, 미꾸레이, 미꼬리
경남 미꼬라지, 미꼬랭이, 미꾸랑이, 미꾸래이
전북 미꾸라지, 미꾸락지, 미꾸람지, 미꾸랑지
전남 옹구락지, 웅구락지, 미꾸리, 미꼬라지, 미꾸락지
제주 미꼬라지, 미꼬레기

제시된 분화형을 미꾸리계 어형(미꾸리, 미꼬리), 미꾸라지계 어형(미꾸라지, 미꾸락지, 미꾸람지, 미꾸랑지, 미꾸랭이, 미꾸래이, 미꾸

레이, 미끄라지, 미꼬라지, 미꼬레기, 미끄래기, 미꼬랭이, 메꾸라지, 매꾸락지), 징구리계 어형(징구리, 징구래기, 징굴락지, 징구막지, 징구매) 등으로 크게 나눌 수 있다.

정선군에서 펴낸 『정선아리랑 가사집』에 보면 '미꾸라지 생선국은 소주 약수만 좋고요'로 시작되는 민요가 있다.

미꾸라지와 관련된 속담은 꽤 있는 편이다.

- 미꾸라지 한 마리가 온 웅덩이 물을 흐린다.(못된 사람 하나가 세상을 소란케 함.)
- 미꾸라지가 용 됐다.(어려서 못났던 사람이 자라서는 몰라보게 변함.)
- 미꾸라지 볼가심할 것도 없다.(지나치게 가난해서 먹을 것이라고는 아무것도 없음.)
- 미꾸라지 빠지듯 한다.(자기가 할 일을 제대로 하지 않고 요리조리 빠져나감.)
- 미꾸라지 한 마리 못 잡아도 도랑은 쳐야 한다.(당장 이해관계는 없어도 장래성 있는 일을 해야 함.)
- 미꾸라지 한 마리에 물 한 동이를 붓고 국 끓인다.(요리 솜씨가 없는 사람을 비웃음, 또는 일을 대충 어림짐작으로 함.)

미나리

미나리(水芹)는 여러해살이풀이기 때문에 어느 계절과 관계없이 먹을 수 있는 우리나라의 자생 식물이다.

요즘 야생 미나리를 흔하게는 볼 수 없으나, 미나리꽝에 가서 파릇파릇 자라나온 미나리를 뜯어 생나물을 해서 비벼 먹어 보면 향긋한 냄새가 입가를 맴돌게 한다.

우리 민족은 옛날부터 미나리를 즐겨 식용했는데, 고려 시대에는 근저(芹菹)라 하여 미나리 김치를 종묘 제상에도 올렸을 정도로 역사가 오래되었다. 동의보감에 의하면, 미나리는 번갈을 멎게 하고 정신을 맑게 하며 기운을 보충해주고 살찌고 건강하게 한다. 특히 술을 마신 뒤 생긴 열독에 좋다고 한다.

미나리의 어원을 분석하면 명사 '믈(水)'과 명사 '나리(百合)'로 나누어지는데, 미나리는 단어 구성으로 볼 때 합성어임을 알 수 있다. 이것은 '믈나리* > 므나리* > 미나리1) > 미ᄂ리2) > 미나리'의 변화 과정을 겪어 만들어졌다.

표준어 미나리의 전국적인 방언 분화형을 제시해 본다.

함북 메나리
함남 메나리
평북 메나리
평남 메나리, 미나리, 미남지, 미낭지
황해 메나리
강원 메나리, 매나리, 미나리
경기 미나리
충남 미나리
충북 메나리, 매나리, 며나리, 미나리
경북 메나리, 미나리, 미난지
경남 메나리, 미(:)나리
전북 미나리, 미내리
전남 미나리
제주 미나기, 미네기, 민내기

---

1) 두시언해 초간본(1481년) 제15권 7쪽.
2) 물명유고(1824년) 제3권 22쪽.

제시된 어형을 살펴보니 메나리형이 전국적인 분포를 보이고 있으며, 미나리형은 중·남부 지역에 나타나고 있다. 특히 평남의 미남지, 미낭지 형과 제주의 미나기, 미네기, 민내기 형은 특이한 모습을 보이고 있다.

미나리와 관련된 속담으로는 '미나리 도리듯 하다.(수확이 오붓함을 비유적으로 이르는 말)'가 있다.

고시조로는 해동가요 박씨본에서 '미느리'형이 나타난다.

초당(草堂)에 오신 손님 그 무엇으로 대접할고
올엽쌀(올벼쌀)흰 점심의 미느리긴강 還燒酒(환소주) 꿀 타고 울산 전복의 낡은 고기 속고쳐라(푹 끓이어라)
아희야 잔 씻어 오너라 벗님 대접하리라

● 초당에 오신 손님을 무엇으로 대접할까./ 흰 쌀밥에 미나리나물과 꿀 탄 소주와 해물탕을 차려 볼까./ 얘야, 잔 씻어 오너라. 벗님 대접하리라.

미숫가루

땀을 많이 흘리면 사람들은 대개 탄산음료를 마신다. 인스턴트 식품인 탄산음료에는 당분이 많이 들어 있기 때문에 많이 마시면 건강에 해롭다. 이런 탄산음료보다는 미숫가루에 꿀물을 탄 것이 훨씬 몸에 이롭다.

미숫가루(麨)는 낟알을 찌거나 볶아서 가루로 만든 식품을 말한다. 재료가 찹쌀이면 찹쌀미숫가루, 보리쌀이면 보리미숫가루, 콩이면 콩미숫가루가 된다. 미숫가루의 어원을 분석해 보면, 명사 어근 '미시(麨)1)'와 명사 어근 '가루(粉)2)'에 사잇소리가 들어간 것이다.

과거에는 주로 보릿가루로 하였기 때문에, 고유어 미시에 대

1) 훈몽자회(1527년) 중권 20쪽.
2) 법화경언해(1463년) 제1권 223쪽.

응하는 한자어 '麨'는 찐 보릿가루를 의미한다. 미시라는 단어 속에는 이미 가루라는 뜻이 내포되어 있다. 이것은 마치 역전 앞, 초가집, 송이버섯과 같은 구성으로, 동일한 의미가 중첩되고 있다.

'미숫가루'는 단어 구성상으로 볼 때 합성어에 해당한다. 아래에 조사된 전국적인 방언 분화형을 통하여 '미싯가루*>미숫가루*>미숫가루'의 변화 과정을 거친 것을 알 수 있다.

표준어 미숫가루의 전국적인 방언 분화형을 제시해 본다.

함북 미시갈기, 미쉬갈기, 미쉬, 미시
함남 미시갈기, 미쉬갈기, 미시갈그, 미시, 미쉬, 미수, 밀쉬
평북 미수가루, 망가루, 망까루
평남 미수가루, 망가루
황해 미수
강원 미시갈기, 미수갈그, 미수가루, 미수가리, 미염, 미음, 밈:
경기 미수
충북 미수까루, 미수가루, 미음, 밈:
충남 미수가루, 미스가루, 미음
경북 미수가리, 미수까리, 미수가루, 미스가루, 미수
경남 미수까리, 밀수가리
전북 미수가루, 미수가리, 미염, 밈:

전남 밈:

제주 미음

　위의 자료를 통하여 미숫가루의 방언을 미시계 어형(미시, 미쉬, 미수, 밀쉬), 미싯가루계 어형(미시갈기, 미쉬갈기, 미시갈ㄱ, 미수갈ㄱ, 미스가루, 미수가루, 미수가리, 미수까루, 미수까리, 밀수가리), 망가루계 어형(망가루, 망까루), 미음계 어형(미음, 미염, 밈:)으로 분류할 수 있다.

　미숫가루와 관련된 속담이나 고시조를 전혀 찾아볼 수 없다. 필자가 조사해 본 결과 민중 생활과 관련된 일상적인 용어에 대한 방언, 속담, 고시조가 많이 없었다. 물이나 공기처럼 너무 흔해 그 귀중함을 잘 모르듯이, 우리는 사실적이고 소박하고 정감이 넘치는 민중어의 귀중함을 잘 모르고 있다.

반딧불

　반딧불(螢火)은 밤에 개똥벌레의 꽁무니에서 반짝이는 불빛을 말한다. 그것은 짝짓기 때 암수가 서로를 확인하기 위한 사랑의 신호다. 과거에 한때 유행했던 '사랑을 하면은 예뻐져요'라는 가사가 생각난다. 감미로운 소리로, 향긋한 향기로, 화려한 색상으로, 황홀한 불빛으로 상대방을 유혹하는 사랑은 아름다움 그 자체이다.

　국내에서 서식하는 반딧불이의 종류는 대략 7종 정도로 알려지고 있다. 이 가운데 파파리반딧불이(일명 운문산 반딧불이라고도 함, 5월 중순~7월 초순에 출현하고 불빛은 푸른색이 돌 정도의 밝은 빛으로 1분당 80회 깜빡거림), 애반딧불이(6월 중순~7월 초순에 출현하고 불빛은 노란색으로 1분당 120회 깜빡거림), 늦반딧불이(8월 하순~9월 초순에 출현하고 불빛은 노란색으로 길게 깜빡거림) 등 세 종이 비

교적 널리 분포한다.

반딧불의 고어는 '반되블'[1]로 나타나는데, 그 어원은 명사 어근 '반(光)'+명사 어근 '되(虫)'+명사 어근 '블(火)'이 결합된 것이며, 단어 구성상으로 볼 때 합성어로 그 의미는 '빛벌레불'이 될 수 있겠다. 이 단어의 변화 과정은 '반되블>반디불[2]>반듸불[3]>반딧불'로 나타난다.

표준어 반딧불의 전국적인 방언 분화형을 제시해 본다.

함북 개똥불, 개띠불
함남 개똥불, 개찌불, 개치불, 까치불
평북 개똥불, 깨띠불, 까치불
평남 개똥불, 깨띠불
황해 개똥불, 까리불, 반대뿔
강원 개똥불, 개찌뿔, 까리불, 반디뿔
경기 반디뿔, 반대뿔, 개똥불
충북 반디뿔, 개똥불
충남 개똥불, 반디뿔
경북 반디뿔, 반디불

---

1) 원각경언해(1465년) 上二 제3권 40쪽.
2) 동의보감(1610년) 제2권 16쪽에는 '반디'로, 북관노정록(1773년) 제2권 31쪽에는 '반디불'로 나타난다.
3) 물보(1802년) 비충에는 '반듸'로, 명행정의록(19세기 초반으로 추정) 제47권 42쪽에는 '반듸불'로 나타난다.

경남 반디뿔, 개똥불, 까래기불, 까래이불, 소똥불
전북 반디뿔, 개똥불
전남 개똥불, 반디뿔, 반지뿔
제주 불한디, 불란디

이상의 방언형을 개똥불계 어형(개똥불), 개띠불계 어형(개띠불, 개찌불, 개치불), 까치불계 어형(까치불), 까리불계 어형(까리불), 까래기불계 어형(까래기불, 까래이불), 반딧불계 어형(반디뿔, 반지뿔, 반디불, 반대뿔), 소똥불계 어형(소똥불), 불한디계 어형(불한디, 불란디)으로 분류할 수 있다.

반딧불과 관련된 속담으로는 '반딧불에 콩 볶아 먹겠다.(동작이 매우 빠른 사람을 비유함.)', '반딧불로 별을 대적하랴.(하찮은 것이 아무리 억척을 부려도 되지 않을 일을 함을 이르는 말)' 등이 있다.

청구영언에 상촌(象村) 신흠(1566~1628)이 지은 고시조에서 반딧불은 '반되불'로 나타나고 있다.

반되불이 되다 반되지 웨 불일소냐
돌이 별히 되다 돌이지 웨 별일소냐
불인가 별인가 하니 그를 몰라 하노라

● 반딧불이 반딧불이지 왜 불일쏘냐/ 돌이 돌이지 왜 별일쏘냐/ 불인가 별인가 하니 그를 몰라 하노라

배꼽

여름이 오면 멋쟁이 여성들은 몸매를 자랑하느라고 배꼽이 드러나는 옷을 걸치고 다닌다.

배꼽(臍)은 탯줄이 떨어지면서 배의 한가운데에 생긴 자리를 말하는데, 그 고어는 '빗복'[1]으로 나온다. 이 단어의 변화 과정을 보면 '빗복>빗곱[2]>비꼽[3]>배꼽'으로 변했다. 어원을 분석해 보면 명사 어근 '비(腹)'와 명사 어근 '복(中)'의 사이에 사이시옷이 결합된 것으로서 단어 구성상으로 볼 때 합성어에 해당한다.

표준어 배꼽의 전국적인 방언 분화형을 제시해 본다.

---

1) 월인석보(1459년) 제2권 57쪽.
2) 증수무원록언해(1792년) 제1권 26쪽.
3) 왜어유해(1783년 이후~1789년 이전) 상권 17쪽.

함북 배뿍, 배뿌기, 배꿉

함남 배뿍, 배뿌기, 배꿉, 배꾸비

평북 배꿈, 배꿉, 배꼽

평남 배꿉, 배꼽

황해 배꿉, 배뿍, 배꼽

강원 배곱, 배뿍, 배꾸멍, 배꼽

경기 배꼽, 배꿉

충북 배꼽

충남 배꼽

경북 배꿈, 배꾸무, 배꾸영, 배꾸미

경남 배꾸영, 배꾸녕, 배꾸녁, 배꾸뭉

전북 배꼽, 배꿉

전남 배뽕, 배꾸멍, 배꾸녕, 배꼬마리

제주 배똥, 뵈똥, 배또롱, 뵈또롱

이상의 분화형을 통하여 배꼽의 방언을 배꼽계 어형(배꼽, 배꿉, 배꾸비, 배뿍, 배뿌기, 배뽕), 배꾸멍계 어형(배꿈, 배꾸무, 배꾸미, 베꾸멍, 배꾸뭉, 배꾸녕, 배꾸녁, 배꾸영), 배꼬마리계 어형(배꼬마리), 배똥계 어형(배똥, 뵈똥), 배또롱계 어형(배또롱, 뵈또롱)으로 분류할 수 있다.

배꼽과 관련된 속담으로는 다음과 같은 것들이 있다.

- 배꼽 시계다.(배고픈 것으로서 시간을 잘 맞춤.)
- 배꼽에 거울을 대고 들여다보는 것 같다.(남의 속을 들여다보는 것 같이 환하게 알 수 있음.)
- 배꼽에 장을 지지겠다.(배꼽에 장을 지져도 좋다는 맹세를 할 정도로 보증을 함.)
- 배꼽이 웃을 일이다.(남에게 조소 받을 짓을 함.)
- 배꼽이 빠지겠다.(몹시 우스운 일을 보았다는 말)

번개

번개가 번쩍이면 나쁜 짓을 많이 한 사람은 가슴이 뜨끔하다. 뒤이어 하늘의 꾸짖음인 뇌성이 온 천하를 호령한다. 여름철에 자주 접하는 것이지만, 번개가 칠 때마다 조용히 내 자신의 삶을 되돌아본다.

우리말에 벼락 맞아 죽을 놈이란 고얀 욕이 있다. 그것도 오죽 했으면 마른날에 날벼락을 맞을 놈이라고 욕을 한다. 번개와 천둥 그리고 벼락은 우리 인간들에게 바르게 살아가라고 하늘에서 경고의 메시지를 보내는 것처럼 보인다.

번개(電光)는 양전과 음전이 구름 사이에서 일어나는 방전 현상으로 몹시 빠르게 번쩍이는 빛을 말한다. 번개의 고어는 '번게'[1]로 나타나는데, 후일 '번게 > 번기[2] > 번개'로 변화되었다. 어원을 분석하면 형용사 어근 '번(明)'에 명사 파생 접미사

'게'가 결합되었기 때문에, 단어 구성상으로 보면 파생어에 해당한다.

표준어 번개의 전국적인 방언 분화형을 나타내본다.

함북 벙개
함남 벙개, 벙개불
평북 벙개
평남 벙개
황해 ×
강원 번개, 벙개, 번개뿔, 번들개
경기 번개, 벙개, 번개뿔
충북 번개, 벙개, 벙:개, 번개뿔
충남 번개, 벙개, 뻔개, 뻥:개
경북 벙게, 벙게뿔, 벙게불, 번들게, 번덜게
경남 번개
전북 번개, 벙개, 벙게, 번드개
전남 번개, 벙개, 번두개, 뻥개, 버내
제주 번괴, 뻔괴, 번게, 펀게, 펀께

1) 용비언천가(1447년) 30장.
2) 제해물명고 천문(이 책은 저자 및 발간 연대가 미상임). <유창돈(1974년) 『이조어사전』 377쪽 참고.>

위에 나타난 자료를 통하여 번개의 방언을 번개계 어형(번개, 버내, 번괴, 뻔개, 뻔괴, 벙개, 벙게, 벙:개, 뺑:개, 펀게, 펀께), 번개불계 어형(벙게불, 번개뿔, 벙게뿔), 번들개계 어형(번들개, 번들게, 번덜게, 번드개, 번두개)으로 분류할 수 있다.

다음은 번개와 관련된 속담을 모은 것이다.

- 번갯불에 콩 볶아 먹겠다.(행동이 몹시 재빠름 또는 성미가 매우 조급함.)
- 번갯불을 팔아먹겠다.(번갯불을 잡아서 팔 수 있도록 동작이 매우 빠름.)
- 번개가 잦으면 천둥이 울린다.(어떤 일의 조짐이 잦으면 반드시 그 일이 이루어지고야 만다는 뜻)

대한민보 제107호(1909. 10. 20일자)에 번개를 소재로 한 시조가 실려 있다.

산중중(山重重) 수복(水複)한데 이 내 갈 길 망연(茫然)터니
어데 갔던 천리마가 번개같이 달려온다
지금에 그 말 잡아타고 그곳 가세

● 산은 깊고 물길은 여러 갈래라서 가야할 길 아득하더니/ 어디로 갔던 천리마가 번개같이 달려온다/ 지금 천리마 타고 그곳으로 가세

벼룩

　필자가 어릴 땐, 애완견이라기보다 어린애들 뒷일을 처리해 주는 똥강아지 한 마리의 목에 딸랑 방울을 걸고, 이 골목 저 골목으로 끌고 다녔다. 목욕을 시키지 않아 강아지와 한동안 놀면 몸이 간지럽다. 강아지에 붙어 있는 '벼룩'이 내 몸으로 옮았기 때문이다. 이놈의 벼룩을 잡으려고 하면 도약을 하여 사방팔방으로 잘도 피한다.

　중고 물물교환 장소의 대표로 일컬어지고 있는 벼룩시장의 여러 유래 가운데 하나가, 난전의 장꾼들이 단속 경찰을 피해 벼룩처럼 이리저리 잘도 피하기 때문에 붙여진 것이라고 한다.

　벼룩의 고어는 '벼록(蚤)'[1]으로 나타나는데, 그 어원은 미상이

---

[1] 훈몽자회(1527년) 상권 33쪽.

며 후일 '벼록>벼룩2)'으로 변화되었다.

표준어 벼룩의 전국적인 분화 양상을 보면 함경남도, 평안 남·북도에서 실현되는 '곤두/곤부벌기' 형을 제외하고는 대개 벼룩의 옛말인 '벼록'에서 변화된 것이다.

함북 베레기, 베리기, 베루기
함남 곤디벌기, 베레기, 베루지, 페루지
평북 곤두벌기, 곤디벌기, 곤부벌기, 베루디, 베리디
평남 곤두벌기, 곤둘벌기, 곤부벌기, 베루디, 벨구디
황해 베레기, 베루기, 베루지, 벼루지
강원 베레기, 베리기, 뻬루기, 베루지, 비리지
경기 베레기, 베루기, 베뤼기
충남 뼈룩, 뼤룩
충북 베루기, 뻬루기, 베룩
경북 베레기, 베루기, 비리기
경남 배래기, 배루기, 비루기
전북 베룩, 비룩
전남 베룩, 비룩, 비럭, 비에룩, 비에럭
제주 베륵, 베록, 베룩

---

2) 물보(1802년) 충치.

벼룩과 관련된 속담을 보면, 우선 먼저 벼룩의 크기에 초점을 맞출 수 있다. '벼룩'은 작디작은 곤충인데 여기에 '낯짝, 간, 등, 뜸자리'를 언급하는 것은 그야말로 기발한 발상이다.

다양한 속담 중 긍정적인 의미로는 '벼룩도 낯짝이 있다.(아무리 못살아도 염치와 체면은 있어야 한다.), 벼룩은 작아도 뛰기만 잘한다.(체격에 비하여 잘 뛰는 사람)'가 있다.

부정적인 의미로는 '벼룩 간 빼 먹고, 모기 눈알 빼 먹겠다.(몹시 인색한 사람), 벼룩 등에 초가삼간 지을 놈이다.(소견이 용렬하여 쓸모가 없는 인간)'가 있다.

중립적인 의미로는 '벼룩 뜸자리만도 못하다.(몹시 작음), 벼룩 부부다.(벼룩도 암컷이 크고 수컷이 작듯이, 큰 여자와 작은 남자로 이루어진 부부)'가 사용되었다.

고금가곡(古今歌曲)에 벼룩을 소재로 한 다음의 시조가 실려 있다. 연상인 각시와 연하인 남자아이 사이의 사랑을 읊은 노래인데, 여기에서 벼룩은 '벼록'으로 나타난다.

각시님 물러눕소 내 품에 안기리
이 아희놈 괘심하니 네 날을 안을 소냐 각시님 그 말 마소 조그만 닷져고리(딱따구리) 크나큰 고양남긔(느티나무에) 뻥뻥 도라가며 제 혼자 다 안거든 내 자네 못 안을가 (중략) 이 아희놈 괘심하니 네 날을 붙을 소냐 각시님 그 말 마소 조그만 벼록 불이 일어곳 나게 되면 청계라 관악산을 제 혼자 다 붓거든 내 자네 못 붙을가 (중략) 진실로 네 말 갓틀작시면(같을 것 같으면) 백년동주(百年同住, 한 평생을 같이 삶)하리라

벽

굳이 밖에 나가지 않아도 문틈 사이로 들어오는 공기를 통해 계절이 바뀌는 것을 알 수 있다. 겨울이 오면 두툼한 벽에서도 찬바람이 실실 나온다.

표준어 '벽(壁)'의 고어는 'ᄇᆞ룸¹⁾'으로 나타난다. 이 단어의 어원은 어근 '불(명사로서 흙의 뜻을 지님)'에 접미사 '옴'이 결합되어 파생된 것인데, 역사적 변화 과정을 보면 'ᄇᆞ룸 > ᄇᆞ람²⁾ > 바람³⁾'이다. 이기문 교수가 감수한 동아 새국어사전에 보면 벽을 바람벽이라고 하는데, 이는 고유어 '바람'과 한자어 '벽'으로 이루어진 합성어이다.

---

1) 석보상절(1446년) 제9권 24쪽.
2) 신증유합(1576년) 상권 23쪽.
3) 아언각비(1819년) 1권 강양.

벽의 전국적인 방언 분화형을 살펴보면 다음과 같다.

함북 바람벽, 바름벽, 보롬벽, 보름벽
함남 바람벽
평북 바람, 바람뚝, 바람뻑
평남 담벽, 댐벽
황해 바람, 댐부락
강원 바람뻑, 바람짝, 바름빡, 바름팍, 바름뻑
경기 베름빡, 벽
충남 바름빡, 베름빡, 벽
충북 베름짝, 벡, 벽
경북 베럼빡, 베러빡, 베루빡, 비리빡
경남 벡, 빅, 베륵바닥
전북 비람빡, 베람빡, 베룸빡
전남 비람빡, 베람빡, 벡짝, 베랑빡
제주 벡, 벡ᄇ름, 축, 축ᄇ름

위에 제시된 자료를 살펴보면, 바람의 방언이 바람계 어형(바람), 벽계 어형(벽, 벡, 빅), 바람벽계 어형(바람벽, 바름벽, 보롬벽, 보름벽, 바람뻑, 바람짝, 바름빡, 바름팍, 바름뻑, 베름빡, 바름짝, 베름빡, 베름짝, 베럼빡, 베러빡, 베루빡, 비리빡, 비람빡, 베람빡, 베룸빡, 베랑빡), 벽바람계 어형(벡ᄇ름), 축계 어형(축), 축바람계 어형(축ᄇ름),

담벽계 어형(담벽, 댐벽, 댐부락), 바람둑계 어형(바람뚝)으로 나누어지는 것을 확인할 수 있다.

관련 속담으로는 다음과 같은 것들이 있다.

- 바람벽이라고 내우긴다.(사리에 맞지 않는 주장을 고집한다는 말)
- 벽보고 말하는 것이 낫겠다.(말귀를 못 알아들어 몹시 답답함.)
- 벽에도 귀가 있다.(말에는 비밀이 없기 때문에 경솔하게 말하지 말라는 뜻)
- 벽에 돌 붙이기다.(흙벽에 돌이 붙을 리 없듯이 도저히 될 수 없는 일)
- 벽에 부딪혔다.(큰 장애물이 앞을 가로막았음, 또는 실패하게 되었음.)
- 벽을 치면 대들보가 울린다.(먼 말로 슬쩍 귀띔만 해도 바로 눈치를 채고 앎.)
- 벽하고 말하는 셈이다.(대화에서 몹시 답답함을 의미함.)

노계(蘆溪) 박인로(1561~1642)가 지은 가사인 누항사(陋巷詞)에 보면 벽에 대해 이야기하는 부분이 나온다.

(…) 아까온 져 소뷔는 볏보님도 됴홀세고.
가시 엉긘 묵은 밧도 용이(容易)케 갈련마는
허당반벽(虛堂半壁)에 슬듸업시 걸려고야 (…)

● 아까운 저 쟁기는 볏의 빔도 좋구나/ 가시가 엉긴 묵은 밭도 쉽게 갈련마는/ 텅 빈 집 벽 가운데 쓸데없이 걸려 있구나 …

부뚜막

아침저녁으로 긴팔의 옷이 몸에 맞고, 따뜻한 전기장판에 몸을 눕혀야만 잠이 잘 온다. 전기 스위치만 넣으면 금방 따뜻해지니 참으로 편리한 세상이다. 지금은 물질적으로는 예전에 비해 풍족하지만, 사는 것이 각박하여 훈훈한 인정이 없다. 어릴 때 부엌에 불을 때느라고 연기에 눈물을 흘리던 시절이 그리워진다.

귀한 손님이 오시면 어머니는 달걀찜을 한다. 나는 알맹이를 뺀 빈 달걀 껍데기를 얼른 받아서 하얀 쌀을 그 속에 알맞게 씻어 넣는다. 그리고는 조심스럽게 불이 붙은 숯 위에 얹어서 달걀밥을 짓느라고 한참을 지켜본다. 따끈따끈한 부뚜막 주변에 앉아서 구운 감자나 고구마를 호호 불며 동생들과 나눠 먹기도 했다.

부뚜막(竈臺)은 솥을 걸어놓은 아궁이 위의 편편한 자리다. 그 것의 고어는 '붓두막'[1]으로 나타난다. 어원은 명사 어근 '븟(火)'+'으(첨가음)'+동사 어근 '막-(防)'으로 분석되며 단어 구성 상으로 볼 때 합성어에 해당한다.[2]

그 후의 변화 과정은 '브ᅀᅳ막*＞브스막*＞부스막*＞부드막*＞부두막*＞붇두막*＞붓두막＞부쑤막*＞부뚜막'으로 나타난다.[3]

표준어 부뚜막의 전국적인 방언 분화형을 제시해 본다.

함북 가매목, 감사목, 감삼목, 가매전
함남 가매목, 감목, 부(:)막, 구뚜막
평북 구막, 고막목
평남 구마깥, 부막, 가매깥
황해 비뚜막
강원 부뚜막, 부뜨막
경기 부뚜막, 부뜨막
충남 부뚜막
충북 부뚜막, 부뜨막
경북 부뚜막, 부떠막, 부뜨막, 불뚜무

1) 역어유해보(1775년) 14쪽.
2) 안옥규(1996), 『어원사전』, 한국문화사, 198쪽 참고.
3) 신승원(2000), 『의성지역어의 음운론적 분화 연구』, 홍익출판사, 88쪽 참고.

경남 부뚜막, 부뜨막, 부떡
전북 부뚜막, 부뚱, 부수막, 부시짝
전남 부수막, 부뚝, 부숭, 부숭개
제주 솟덕

위 자료를 통하여 부뚜막의 방언을 부뚜막계 어형(부뚜막, 구뚜막, 부떠막, 부떡, 부뚱, 부뜨막, 비뚜막), 불막계 어형(부막, 구막, 부(ː)막), 부수막계 어형(부수막, 부숭, 부숭개), 가매목계 어형(가매목, 감목), 솟덕계 어형(솟덕) 등으로 분류할 수 있다.

정선아리랑 가사집에 보면, '부뚜막 위 신작로는 절가지로 놓고 시어머니 밥상은 발로 운전하네'라는 구절에서 강원도 방언인 '부뚜막'이 보인다.

관련 속담으로는 다음과 같은 것들이 있다.

- 부뚜막 땜질도 못 하는 며느리가 이마 털만 뽑는다.(일을 못 하는 주제에 모양만 냄.)
- 부뚜막의 소금도 집어넣어야 짜다.(아무리 손쉬운 일이라도 움직이고 힘을 들이지 않으면 제게 이익이 되지 않음.)
- 부뚜막 똥도 올라가는 강아지가 싼다.(못된 짓도 하는 놈이 늘 하게 됨.)
- 부뚜막이 큰 도둑놈이다.(살림하는 데는 먹는 것이 가장 많이 든다는 뜻)

부지깽이

활활 타오르는 불길을 보면 신비롭다. 쇠죽을 끓이기 위해 소나무 갈비를 넣으면 잘도 탄다. 어린 시절 부지깽이로 이리저리 휘젓다가 이글이글 타는 숯이 모이면, 나는 얼른 감자나 고구마 몇 알을 불 속에 묻어 두면서 익기만을 기다렸다. 입술에 까만 그을음을 묻혀 가며 먹는 재미란 이루 말할 수 없다. 요즘 그 어떤 음식을 먹어 보아도 이런 맛이 안 난다.

부지깽이(火杖)는 우리가 흔하게 쓰는 단어이지만 이 단어의 고형은 문헌에 보이지 않는다. 어원을 분석해 보면, 명사 어근 '불(火)'+동사 어근 '짚(執)'+접미사 '개'+접미사 '앙이'로 이루어졌으며, 단어 구성상으로 볼 때 파생어에 속한다.

이 단어의 변화 과정을 쉽게 단언할 수 없지만, 대략 '불집개앙이*＞불직개앙이*＞부직개앙이*＞부직개앵이*＞부직갱

이*>부지깽이'로 변한 것을 유추해 볼 수 있다.[1]

표준어 부지깽이의 전국적인 방언 분화형을 제시해 본다.

함북 부스때기, 부수때기, 부시때기

함남 부스때기, 부즈때기, 부지때기

평북 부디깨, 부디깽이, 부두깨

평남 부두깨이, 부지깨이, 부지깨

황해 부스깨이, 부주깨이, 부지깨, 불부지깨

강원 비지깽이, 비지깨이, 뷔지깽이, 불도두개

경기 부지깽이, 부지깨이, 부지깡, 부주쨍이

충남 부지깽이, 부주깽이, 부지땡이, 부지땅

충북 부지깽이, 부주깽이, 부지땡이, 부주땡이

경북 부지깽이, 부지뗑이, 붇작데기, 부적껭이

경남 부지깽이, 부지깨이, 부지땡이, 부수깽이

전북 부지땡이, 부지땅, 부주땡이

전남 비땅, 비지땅, 부지땡이, 부지땅

제주 부지뗑이, 불뗑이

---

[1] 고문헌에는 부지깽이계 어형은 나타나지 않고 부지대계 어형이 나타난다. 예를 들면 '부지대, 부지ㅅ대, 부짓대, 부짓디, 부지째, 부지쩌'가 그것이다. 이들 단어는 18세기에서 19세기에 나타난다. <박재연 외(2010), 『필사본 고어대사전』 참고.>

이상의 자료를 바탕으로 부지깽이의 방언을 부지깽이계 어형(부지깽이, 부지깨이, (불)부지깨, 부지깡, 부주꽹이, 부주깽이, 부주깨이, 뷔지깽이, 비지깽이, 비지깨이), 부지땡이계 어형(부지땡이, 부지뗑이, 부지땅), 부디깽이계 어형(부디깽이, 부디깨, 부두깨이, 부두깨), 부스때기계 어형(부스때기, 부수때기, 부시때기), 부스깽이계 어형(부스깨이), 부즈때기계 어형(부즈때기, 부지때기), 불뗑이계 어형(불뗑이), 불도두개계 어형(불도두개), 붇작데기계 어형(붇작데기), 부적깽이계 어형(부적깽이)으로 분류할 수 있다.

관련 속담으로는 다음과 같은 것들이 있다.

- 부지깽이가 곤두선다.(부엌일이 매우 바쁨을 비유하는 말)
- 부지깽이를 거꾸로 꽂아도 산다.(초봄에는 아무 나무나 심기만 하면 산다는 뜻)

관련 수수께끼로는 '매일 뜨거운 불 속을 드나들며 제 꽁지만 태우고 밥 못 얻어먹는 것은?', '아무것도 먹지 못하고 주둥이만 그슬리는 것은?', '죽도록 일만 해주고 매를 맞는 것은?' 등이 있다.

부추

　나는 아내가 해 주는 부추 지짐을 매우 좋아한다.

　부추는 백합과의 여러해살이풀이다. 채소 가운데 성질이 가장 따뜻하며, 사람에게 이롭다. 위 속의 열기를 없애 주고 허약한 것을 보하고 허리와 무릎을 덥게 한다. 그러나 매우 냄새가 심하기 때문에 수양하는 사람은 꺼린다.

　사전에 의하면, 염교는 산에 나는 부추로 가을에 자주색의 꽃이 피고 씨가 없다. 부추(<부칙)는 우리가 자주 접하는 것으로 여름에 흰색의 꽃이 피고 가을에 씨를 맺는다. 졸도 고어사전에 의하면 산부추를 가리키는 용어이다. 하지만 방언에서는 염교, 부추, 졸을 구분하지 않고 뭉뚱그려 사용하고 있다.

　표준어 '부추(韭菜)'의 고어는 '염교'[1], '부칙'[2], '졸'[3]로 나타난다. 이들 어원은 모두 미상이고, 염교의 변화 과정은 '염교>

염규4)>염쥬*>염주>염즈*>염지'이고 부치의 그것은 '부치>부츠5)>부초6)>부추'이다. 마지막으로 졸은 '졸>줄'로 변화하였다.

표준어 부추의 전국적인 방언 분화형을 제시해 본다.

함북 염지, 염주
함남 부초, 푸초, 부치
평북 푸초, 푼추, 분추
평남 부초, 부추
황해 ×
강원 부추, 푸추, 분추, 분초
경기 부초, 부추, 푸추, 졸
충남 정구지, 부초, 불초, 부추, 부치, 졸, 줄, 솔
충북 정구지, 분추, 분초, 부추, 쪼리, 쫄
경북 정구지, 정고지, 분초, 분:추, 소푸
경남 정구지, 정구치, 전구지, 소풀, 소불

---

1) 구급방언해(1466년) 상권 19쪽.
2) 구급간이방(1489년) 제6권 11쪽.
3) 물보(1802년) 채소.
4) 두시언해 초간본(1481년) 제16권 72쪽.
5) 서강 물명고(1820년대 추정) 초목 6쪽.
6) 경화록(연대 미상), 약방문 1(연대 미상), <박재연 외(2010), 『필사본 고어대사전』, 참고>

전북 솔(ː), 정구지, 부초, 졸, 부추
전남 솔(ː), 소불
제주 쉐우리, 세우리

제시된 자료를 유형별로 분류하면 염교계 어형(염지, 염주), 부추계 어형(부추, 부초, 부치, 분(ː)추, 분초, 푸초, 푸초, 푼추), 정구지계 어형(정구지, 정고지, 정구치, 전구지), 솔(ː)계 어형(솔(ː)), 소풀계 어형(소풀, 소푸, 소불), 졸계 어형(졸, 쫄, 쪼리, 줄), 쉐우리계 어형(쉐우리, 세우리) 등으로 나타난다.

특히 함북 지역에 나타나는 염지계 어형과 제주 지역에 나타나는 쉐우리계 어형은 매우 독특하다.

뻐꾸기

봄·여름에 창문을 열면 산속에서 뻐꾸기 소리가 상큼하게 들려온다. 이른 아침을 일깨우는 벽시계처럼.

표준어 '뻐꾸기(布穀)'는 '버국1) > 벅국2) > 벅국이3) > 뻐꾸기'로 변화 과정을 거치면서 만들어졌다. 어원을 분석해 보면 부사 어근 '뻐꾹(소리시늉말)'에 명사형 접미사 '이'가 결합되어 만들어진 것으로, 단어 구성으로 볼 때 파생어에 해당된다.

표준어 뻐꾸기의 전국적인 방언 분화형을 제시해 본다.

함북 버꾸기, 버끼기
함남 버꾸기

---

1) 훈몽자회(1527년) 상권 17쪽.
2) 왜어유해(1783년 이후~1789년 이전) 하권 20쪽.
3) 한청문감(1779년) 제13권 55쪽.

평북 뻐꾸새, 뻐꾹새

평남 뻐꾹새

황해 뻐꾸기

강원 뻐꾸기, 버꾸기, 뻐뀌기, 뿌꾸기, 뻐꾹새

경기 꾸꾸기, 꾸꾹새, 뻐꾸기, 뻐꾹새

충남 뻐꾸기, 뻐뀌기, 뻐꾹새, 뻐꿍새, 쑥국새

충북 뻐꾸기, 뻐꾹새, 뻐뀌기

경북 뿌꿈새, 뿌꾹새, 뿌꾸기, 뽀꽁새, 뿌꿍이, 꾸꿍새

경남 뿌꾹새, 부꾹새, 풀국새, 풀꾹새, 푸꾹새, 촉국새

전북 뿌꾹새, 쑥국새, 촉국새

전남 수꾹새, 쑤꾹새, 수꿍새, 쑤꿈새, 꿀꿍새, 꾸꿍새, 풀꾹새, 촉국새

제주 곽새, 뻐꿍새, 뻐꾹새

　제시된 방언 분화형을 유형별로 묶어보면, 뻐꾸기계 어형(버꾸기, 뻐끼기, 뻐꾸기, 뻐뀌기, 뿌꾸기, 뿌꿍이, 꾸꾸기), 뻐꾹새계 어형(뻐꾹새, 뻐꾸새, 꾸꾹새, 뻐꿍새, 뿌꿈새, 뿌꾹새, 뽀꽁새, 꾸꿍새, 꿀꿍새, 부국새), 쑥국새계 어형(수꾹새, 쑤꾹새, 쑥국새, 수꿍새, 쑤꿈새), 풀꾹새계 어형(풀꾹새, 푸꾹새, 풀국새), 촉국새계 어형(촉국새), 곽새계 어형(곽새)으로 분류할 수 있다.

　이들 어휘들은 거의 대다수가 소리시늉말로 이루어졌는데,

지역의 화자에 따라 다양한 소리시늉말로 나타내는 것이 특이
하다.

뻐꾸기와 관련된 속담으로는 다음과 같은 것들이 있다.

- 뻐꾸기도 오뉴월이 한철이다.(무엇이든지 한때의 전성기가 있음.)
- 뻐꾸기 제 이름 부르듯 한다.(자기 자랑을 자기가 입버릇처럼 함.)
- 뻐꾸기 쳐다보듯 한다.(멀거니 무엇을 쳐다보고 있는 사람에게 하는
  말)

고산(孤山) 윤선도(1587~1671)의 어부사시사에서 뻐꾸기는 '벅
구기'의 어형으로 나타난다.

우는 거시 벅구기가 푸른 거시 버들숩가
어촌 두어 집이 닛속의 나락들락
두어라 말가호 기픈 소회 온갖 고기 뛰노ᄂ다

● 뻐꾸기가 울고 버들 숲이 푸르구나/ 어촌 두어 집이 연기 속에 보이네/ 맑고 깊
  은 소에서 온갖 고기가 뛴다

산마루

사람은 녹색을 그리워한다고 한다. 사람은 항상 푸른 초목을 가까이하고 싶다는 말이다. 등산객들은 산의 정기를 받기 위해 산마루를 힘차게 걷는다.

산마루(山頂, 山脊)는 산등성마루의 준말로, 산등성의 가장 높은 자리를 의미한다. 산마루의 고어는 '묏ᄆᆞᄅᆞ'로 추측할 수 있다. 고어사전에 해당 어휘가 실려져 있지 않기에, 변화 과정을 추정하는 데에는 많은 어려움이 따른다. 대략 '묏ᄆᆞᄅᆞ*>산ᄆᆞ르*>산ᄆᆞ르*>산ᄆᆞ로*>산ᄆᆞ루*>산마루'의 과정을 거친 것으로 이해된다.

표준어 산마루의 전국적인 방언 분화형은 다음과 같다.

함북 산말기

함남 산말기

평북 산말기, 산말그, 산마루쟁이

평남 산꼭대기, 산마루태이, 산등덩

황해 ×

강원 산말기, 산마루, 산말루, 산상봉

경기 산마루테기, 산마르테기, 산마루, 산말랭이

충남 꼭대기, 등세이, 산등성, 산등세이, 등서이, 산등서이

충북 마루, 마루태기, 산꼭대기, 산뜽성, 산봉오리, 산봉두리

경북 산꼭데이, 산등성마루, 산만데이, 등산만데이, 등마루, 등
　　성마루

경남 산만댕이, 산먼당, 먼당, 상봉, 뽁때기

전북 산복대기, 산봉대기, 산말랭이, 산몰랭이

전남 산몰랭이, 산몰랑, 뽁대기, 산상봉, 산봉아리

제주 산ᄆ르, 산ᄆ를, 오롬ᄆ르, 오롬꼭데기

위의 자료를 통하여 산마루의 방언형을 산+마루계 어형(산마
루, 산말루, 산ᄆ르, 산ᄆ를, 산말기, 산말그, 산말랭이, 산몰랭이, 산몰
랑), 산+마루+턱계 어형(산마루테기, 산마루태이, 산마르테기, 마루태
기), 산+마루+등계 어형(산만데이, 산만댕이, 산마루쟁이, 산먼당, 먼
당), 등+마루계 어형(등마루), 등+산+마루+등계 어형(등산만데
이), 산+등성계 어형(산등성, 산등서이, 산등세이, 산뜽성, 산등덩), 산

158

+등성+마루계 어형(산등성마루, 등성마루), 산+꼭대기계 어형(산꼭대기, 산꼭데이, 산복대기, 산봉대기, 뽁대기), 산+봉우리계 어형(산봉오리, 산봉아리, 산봉두리), 산+상봉계 어형(산상봉, 상봉), 오롬+므르계 어형(오롬므르), 오롬+꼭대기계 어형(오롬꼭데기)으로 분류할 수 있다.

개별 지역의 단일 방언형을 모두 통합하여 살펴보니, 방언의 분포 지역과 방언 사이의 변화 관계를 쉽게 파악할 수 있다. 산말기계 어형은 북부 지역에, 오롬계 어형은 제주도 지역에만 국한하여 실현된다. 특히 '오롬'은 산의 제주도 방언형이다. 그리고 방언들 상호 간의 조어(造語) 관계 및 음운의 변화를 일목요연하게 파악할 수 있다.

관련 속담으로는 '산등에 바람이 불면 골에도 분다.(어떤 일이 발생했을 때 그 영향은 다 같이 받게 된다는 뜻)'가 유일하다.

상추

상추는 국화과의 한해살이 또는 두해살이풀이다. 잎을 먹을 수 있어 채소로 널리 재배된다. 가지가 많이 갈라지고 전체에 털이 없다. 그것은 이미 BC 6세기에 페르시아에서 식용되었으며, 그리스·로마에 보급되어 유럽에 널리 퍼졌다. 5세기에는 중국에도 전해졌으며 중국을 거쳐 한국에 전래된 것으로 보인다. 이것이 재래종 상추이다.

상추는 대표적인 생식 채소이며 비타민 A를 많이 함유한다. 샐러드에는 꼭 필요하며 수프 등에 넣어 먹거나 샌드위치 사이에 넣어 먹는다. 또한 쌈을 싸서 먹기도 하고 겉절이로도 이용된다. 상추 줄기에 나는 젖액에 함유된 락투세린·락투신 등에는 진통 또는 최면 효과가 있다. 상추를 많이 먹게 되면 잠이 오는 것은 이 때문이다.

상추(萵苣)의 어원은 '생채(生菜)'이며, 고어는 '싱치1) > 숭치2) > 상치3) > 상칙* > 상치4)'로 변화되었다. 표준어 '상추'는 변화 과정이 위와는 달라 '상쵸* > 샹초 > 상추'의 과정을 겪은 것으로 여겨진다.

한편으로는 '블구* > 블우* > 브루* > 부루5)'로, '블기* > 블이* > 브리* > 부리'로 각각의 변화 과정을 겪은 것으로 이해된다. 그 어원은 명사 어근 '블(草)' + 접미사 '구/기'의 파생어로 풀의 의미를 지닌다.

표준어 상추의 전국적인 방언 분화형을 제시해 본다.

함북 불기
함남 불기, 부룩
평북 생치
평남 생치
황해 ×
강원 부루, 불기, 불구, 상추, 생추, 생초, 생치

---

1) 계해수로조천록(1624년경) 95쪽.
2) 동문유해(1748년) 하권 3쪽.
3) 농가월령가(1843년) 제6권 438쪽. <임기중(2005), 『한국가사문학주해연구』 제6권 438쪽 참고>
4) 김지수 무자서행록(필사 연대 미상). <박재연 외(2010), 『필사본 고어대사전』 제4권 83쪽 참고.>
5) 훈몽자회(1527년) 상권 14쪽.

경기 부루, 상추, 상초, 상치, 상췌, 생추
충남 부루, 상추, 상치, 생초
충북 부루, 상추, 상치
경북 부루, 부리, 상추, 상초, 생초
경남 푸상추, 부상추, 풀쌍추, 상치, 상추, 쌍추
전북 상추, 상초
전남 상치, 상추, 상초, 단장초
제주 부루

제시된 어형을 통하여 상추의 방언을 부루계 어형(부루, 부리, 불기, 불구), 상치계 어형(상치, 상췌), 상추계 어형(상추, 쌍추, 상초), 생추계 어형(생추, 생치, 생초)으로 분류할 수 있다.

부루계 어형이 남북으로 길게 분포된 것으로 보아 고대형에 속하고, 비부루계 어형은 이보다 짧은 것으로 보아 후대형에 속하는 것으로 판명된다.

<정선아리랑 가사집>에 나오는 민요에 '생치쌈(상추쌈) 먹을 제는 고초장(고추장)이 좋고요 전국장(청국장) 닭을 제는 묵은장이라네'에서 상추의 강원도 방언형인 '생치'라는 어휘가 보인다.

상추와 관련된 속담으로는 '상추밭에 한 번 똥 싼 개는 늘 저 개 저 개 한다.(한 번 잘못한 사람은 남들이 늘 의심함.)', '상추쌈에 고추장이 빠질까?(상추쌈에는 고추장이 있어야 하듯이 빠져서는 안 된다는 뜻)'가 있다.

소꿉질

　요즘은 장난감이 많아서 아무리 좋은 장난감을 자녀들에게
사 주어도 갖고 놀다가 금방 싫증을 낸다. 하지만 필자의 어린
시절에는 동네 여자애들이 깨어진 사금파리 몇 조각에다가 이
름 모를 꽃과 풀을 뜯어 와서 소꿉질을 재미있게 하였다. 소꿉
질(童戲)'의 어원은 미상이며, 고문헌에도 어휘가 보이질 않는다.

　함북 또꼬방질, 바꿈질, 반치노름, 세감질
　함남 또꼬박질, 또꼬바지장난, 동고박질, 동구박질, 거투받노름,
　　　뻬배노리
　평북 도꿉질, 도꾸방사리, 도깝질, 또갑질
　평남 도꼬방사리, 세간사리
　황해 도꿉장난, 소꿉장난, 세간사리, 시간사리, 시간장난, 바빠
　　　노리

강원 도꿉노리, 도꿉사리, 도구파리, 도꿉장난, 토꿉질, 소곱질,
　　 쫑곱질
경기 소곱장난, 소껍장난, 소꿉장난, 토꿉장난, 통굽장난
충북 통갑찔, 통곱질, 통굽짱, 통구파리, 동고파리, 손꼼노리
충남 바꿈사리, 바끔사리, 바꼼사리, 통곱질
경북 돈두께미장난, 동두께비, 동도께비, 동지께미, 방두께미,
　　 방두게이, 빵뜨께이, 빵께이
경남 반두께미, 반두깽이, 반주깨, 소꿉쟁이, 새금쟁이
전북 바꿈사리, 바끔사리, 빠꿈사리, 바굼새기, 바끔새기, 바꼬
　　 매기, 바꾸매기
전남 삼바꼭질, 새금박질, 새금팍질, 새금팔질, 바꿈사리, 바끔
　　 사리, 빠끔사리
제주 흑밥장난, 흑밥

제시된 방언형을 아래와 같이 분류해 낼 수 있다.

• 소꿉장난계 어형 : 소꿉장난, 소곱장난, 소껍장난, 도꿉장
　난, 토꿉장난, 통굽장난, 또꼬바지장난
• 소꿉질계 어형 : 소곱질, 도꿉질, 도깝질, 또갑질, 또꼬박질,
　또꼬방질, 동고박질, 동구박질, 통곱질, 통갑찔, 쫑곱질
• 소꿉노리계 어형 : 손꼼노리, 도꿉노리

- 소꿉(방)사리계 어형 : 도꼽사리, 도꼬방사리, 도구방사리
- 소꿉파리계 어형 : 도구파리, 동고파리, 통구파리
- 소꿉쟁이계 어형 : 소꿉쟁이
- 새금쟁이계 어형 : 새금쟁이
- 새금파리질계 어형 : 새금팥질, 세금팍질, 새금박질
- 세간사리계 어형 : 세간사리, 시간사리
- 세간장난계 어형 : 시간장난
- 세간질계 어형 : 세감질
- 바꿈사리계 어형 : 바꿈사리, 바끔사리, 바곰사리, 빠꿈사리, 바굼새기, 바끔새기, 바꼬매기, 바꾸매기
- 바꿈질계 어형 : 바꿈질
- 돈두께미계 어형 : 돈두께미장난, 동두께비, 동도께비, 동지께미
- 반두깨미계 어형 : 반두깨미, 반두깽이, 반주깨, 방두께미, 방두게이, 빵뜨게이, 빵께이
- 바빠노리계 어형 : 바빠노리, 빼배노리
- 흑밥(장난)계 어형 : 흑밥, 흑밥장난

이제까지 살펴본 '소꿉질'의 방언형은 너무나 많은데, 그만큼 이 놀이가 과거에 많이 유행했다는 사실을 알려준다.

소나기

여름을 상징하는 것을 들어 보라고 하면 제일 먼저 생각나는 것이 있다. 갑자기 세차게 쏟아지다 그치는 소나기(驟雨)이다. 소나기의 고어는 '쇠나기'[1]로 나타나는데, 그 후 '쇠나기>쇼나기[2]>숀아기[3]>소나기'로 변화되었다. 어원을 분석해 보면, 부사의 어근 '쇠(몹시, 심히)'+동사 어근 '나(出)'+접미사 '기'가 결합되어 만들어진 것으로, 단어 구성상으로 볼 때는 파생어이다.

표준어 소나기의 전국적인 방언 분화형을 제시해 본다.

---

1) 두시언해 초간본(1481년) 제18권 19쪽.
2) 몽유 천속 3쪽(필사 연대 미상). <박재연 외(2010) 『필사본 고어대사전』 제4권 314쪽 참고.>
3) 거사청흥가 악부 1권 167쪽(필사 연대 미상). <박재연 외(2010), 『필사본 고어대사전』 제4권 345쪽 참고.>

함북 소내기

함남 소내기

평북 소내기, 소나기

평남 소내기, 소나기, 쏘나기

황해 소내기

강원 쏘내기, 소내기, 소나기, 쏘나기

경기 쏘내기, 소내기, 소나기, 쏘낙비

충북 쏘내기, 소내기, 쏘나기, 쏘낙비

충남 쏘내기, 소내기, 쏘낙비, 소나기

경북 소내기, 소냉기, 쏘냉기, 소낙비

경남 소내기, 쏘나기, 쏘낙비, 소나구

전북 쏘내기, 소나기, 쏘낙비

전남 쏘내기, 쏘나기, 지지

제주 쒜네기, 쏘네기, 겁비, 짐벵이

위에 제시된 분화형을 소나기계 어형(소나기, 소나구, 쏘나기), 소내기계 어형(소내기, 소냉기, 쏘내기, 쏘냉기, 쏘네기, 쒜네기), 소낙비계 어형(소낙비, 쏘낙비), 지지계 어형(지지), 겁비계 어형(겁비), 짐벵이계 어형(짐벵이)으로 분류할 수 있다.

소나기의 함경도 방언인 '소내기'에 얽힌 이야기가 있어 소개한다. 함경도의 어느 농부 두 사람이 소를 몰고 들에 일을 나가면서 서로 만나 날씨를 놓고 내기를 했다. '오늘 비가 틀림없이 온다'고 주장하는 사람과 '그렇지 않다'고 주장하는 사람이 고집을 세우다가 소를 내기로 걸었다. 얼마 있지 않아 천둥, 번개와 함께 억수 같은 비가 쏟아졌다. 내기에 진 사람은 결국 이긴 사람에게 소를 내주었다는 일화에서 바로 '소내기'라는 말이 생기게 되었다고 한다.

소나기와 관련된 속담으로는 다음과 같은 것들이 있다.

- 오뉴월 소나기는 쇠등을 두고 다툰다.(여름 소나기는 같은 시간에 아주 가까운 지역끼리도 내리는 곳과 그렇지 않은 곳이 있음.)
- 소나기술에 저 곯는 줄 모른다.(술을 폭음하는 것은 건강에 매우 해로움.)
- 소낙비는 오고 황소는 도망치고 똥은 마렵다.(다급한 일이 연속적으로 발생되어 어쩔 줄을 모른다는 뜻)

대한매일신보(1909년 8월 1일자)에 실린 시조에서 소나기는 '소낙비'의 형태로 나온다.

층암 절벽간에 피어 있는 저 꽃들아
동풍만 의뢰하여 편시춘광(片時春光) 자랑 마라
하룻밤 소낙비에 활활 불어 뚝뚝 떨어지게 할 자도 동풍이니라

● 층층 바위 절벽에 피어 있는 저 꽃들아/ 봄바람을 믿고 잠깐 동안의 봄빛을 자랑 마라/ 하룻밤 소나기에 활활 불어 뚝뚝 떨어지게 할 자도 봄바람이니라

솔개

　어린 시절 병아리가 놀고 있는 모습을 보고 있노라면 마음이 그렇게 편안할 수가 없었다. 어미 암탉은 병아리들이 멀리 가지 못하도록 "꼬꼬꼬꼬" 하고 자꾸만 소리를 낸다. 난데없이 하늘에서 '솔개(鳶)'가 나타나 공중에서 먹이를 노려보다가, 원을 한 바퀴 그리며 갑자기 하강하여 병아리를 채고 달아난다. 눈 깜짝할 사이에 벌어진 어처구니없는 광경이다.

　표준어 '솔개'의 고어는 '쇠로기[1]'로 나타난다. 그 후 '쇠로기>쇼로기[2]>쇠로기[3]>쇼로기[4]>쇼로개[5]>솔개'로 변화되었

---

1) 두시언해 초간본(1481년) 20권 132쪽.
2) 번역소학(1517년) 8권 30쪽.
3) 두시언해 중간본(1632년) 3권 14쪽.
4) 해동가요(1763년) 118쪽.
5) 물보(1802년) 우충.

으며, 그 어원은 미상이다. 솔개에 대한 전국적인 분화 양상은
아래와 같다.

함북 수리개, 솔개
함남 수리개, 술개, 솔개미, 닥수리개
평북 솔개미, 술개, 솔개
평남 솔개미, 소리개, 소리개미
황해 솔개미
강원 솔개미, 소리개미, 소리기, 바람개미
경기 솔개, 솔개미, 소리개, 홀개미
충북 솔개미, 소리개미, 솔개이, 홀겡이
충남 솔개미, 소루개, 소리개, 솔개이
경북 솔게이, 솔베이, 소래기, 소리기, 호개이
경남 솔게이, 소리기, 소래기, 소리개, 솔개미
전북 솔깽이, 수리개, 호리개, 솔:개(이)
전남 솔개이, 쏠개, 새치기, 호리개
제주 솔개미, 소리개, 쏠개, 소리개미

해동가요에 귀록(歸鹿) 조현명(1690~1752)이 쓴 시조에서 표준
어 솔개는 '쇼록이'로 나타난다. 여기에서 솔개는 약탈자로 표
현되는데, 힘없는 까치는 솔개를 꺼리나 힘과 덕망이 있는 봉
황새는 당당한 모습으로 묘사되고 있다.

비 맞은 괴양(槐楊)남게 석은 쥐 찬 저 쇼록이
까막까치는 꺼리는 것은 옳거니와
운간(雲間)에 높히 뜬 봉조(鳳鳥)야 눈 흘길 줄 있으랴

● 아주 보잘것없는 썩은 쥐를 찬 솔개/ 까치는 솔개를 꺼리지만/ 구름 사이에 높
이 뜬 봉황새는 솔개를 노려보지 않는다

솔개와 관련된 속담으로는 다음과 같은 것들이 있다.

- 솔개가 높이 날면 날씨가 좋다.(일기예보)
- 솔개 눈같이 잘도 본다.(좋은 시력)
- 오뉴월 땡볕에는 솔개만 지나가도 낫다.(도움)
- 솔개가 까마귀 둥지 차지하듯 한다.(약자의 재물 약탈)
- 병든 솔개다.(세도가의 몰락)
- 털 벗은 솔개다.(볼품없는 사람)
- 솔개는 날아갔다.(때의 지나감, 또는 일의 종료)
- 솔개새끼는 매 못 된다.(서로 비슷하다고 근본까지 바꿀 수 없음.)
- 매를 솔개로 보았다.(서로 비슷한 것을 잘못 볼 수도 있음을 비유함.)

이처럼 솔개는 논자에 따라 긍정적인 이미지(일기예보, 좋은 시력,
도움), 부정적인 이미지(약탈자, 세도가의 몰락, 볼품없는 사람), 중립적인
이미지(일의 종료, 근본 불변, 유사한 것을 잘못 볼 수도 있음.)로 평가되고
있다.

수수

어린 시절 이웃집 아이의 생일이나 돌이 되면 수수팥떡을 자주 얻어먹었다. 수수팥떡을 차리는 것은, 나쁜 귀신이 붉은색을 싫어하므로 이의 접근을 막고 아이가 건강하게 자라라는 바람에서이다. 그러나 요즘은 돌잔치를 뷔페 식당에서 많이 열어, 그곳에 가야만 수수팥떡을 구경할 수 있다.

표준어 '수수(蜀黍)'의 옛말은 '슈슈'[1]인데, 후일 '슈슈 > 수수'로 변하였다. 그것의 전국적인 방언 분화형은 아래와 같다.

함북 수끼, 밥수끼, 수쉬, 밥쉬
함남 쉬(:), 시이, 쉬이
평북 쉬쉬, 쉬시

---

[1] 훈몽자회(1527년) 상권 12쪽.

평남 쉬수, 시수

황해 쉬수, 수수

강원 수꾸, 때기지, 수(:)

경기 수수, 쉬수

충남 쑤수, 수수

충북 쑤수, 수수, 수꾸

경북 수끼, 수꾸, 수시

경남 수시, 쑤시

전북 쑤수, 쑤시, 수시

전남 쑤시, 수시, 쉬쉬

제주 대죽, 대축

이상의 자료를 통해 수수의 방언을 수끼계 어형(수끼, 수꾸),
수수계 어형(수수, 쉬쉬, 쉬시, 수쉬, 수시, 쑤수, 쑤시), 수이계 어형
(수(:), 쉬이, 시이, 쉬(:)), 대죽계 어형(대죽, 대축)으로 분류해 볼 수
있다.

수수에 관한 속담으로는 다음과 같은 것들이 있다.

• 칠팔월 수숫잎 마르듯 한다.(음력 7, 8월이 되면 수수가 익으면서 잎
  이 하잘것없이 마름, 또는 성미가 몹시 급하여 잘 변함.)
• 수수팥떡에 안팎이 있나?(수수팥떡은 안팎이 없이 양면이 다 같듯이
  어떤 사물이 서로 비슷하여 분간할 수가 없음.)

- 높새바람에 수숫잎 틀리듯 한다.(건조한 북동풍이 불면 수숫잎이 말라서 틀어지므로 흉작이 됨, 또는 무슨 일이 순리대로 되지 않고 틀리게 됨.)
- 열 살 미만 아이의 생일에는 수수떡을 해 주어야 수명이 길다.(수수떡을 수수병(壽壽餠)으로 불러, 수명과 관련지어 수수(壽壽)를 음차(音差)함.)
- 수수 농사가 잘되면 그 집안도 잘된다.(수수 농사가 잘되면 다른 밭곡식도 잘되므로 식량이 풍족해짐. 수수팥떡은 정을 두텁게 하는 음식이므로 수수 농사가 잘되면 집안도 화목해짐.)
- 파장에 수수엿 장수(때를 놓치고 볼꼴 사납게 된 사람이나 경우를 말함.)

아래에 나오는 작자 미상의 시조에서 수수는 '수슈'의 형태로 나타난다.

(…) 종가래 들고 수슈닙 잘나 질 바지 동이고 채직들고 주머니 쌈지 젓드러 차고 왼 뿔 꼬부라진 검은 얼녁 암쇼 고삐 툭툭 채쳐 어듸야 탕탕 낄낄 소 몰고가넌 죠 다방머리 아희놈아 거기 잠 섯거라 말부침 허자

● 작은 가래 들고 수수잎 잘라 긴 바지 동이고 채찍 들고 주머니 차고 왼 뿔 꼬부라진 검은 얼룩 암소 고삐 채치며 소 몰고 가던 저 더벅머리 아이야, 거기 잠시 서라. 말 좀 하자.

숨바꼭질

"무궁화 꽃이 피었습니다." 술래가 눈을 감고 여러 번 외치는 사이에 다른 아이들은 몸을 숨길 만한 곳에 어디든지 가 숨어 버린다. 요즘 이런 놀이를 도시 어린이들에게서는 쉽사리 볼 수 없으나, 시골 어린이들한테서는 자주 볼 수 있다. 이 놀이에서 시골 어린이들의 때묻지 않은 동심이 피어난다.

표준어 '숨바꼭질'에 대한 정확한 어원은 미상이나, 해당하는 고어로는 '숨막질'[1]이 보인다. 숨막질은 '숨(息)'과 '막(塞)-'이 결합한 합성동사 '숨막-'에 접미사 '-질'이 결합한 파생어이다. 따라서 '숨을 막는 행위'라는 의미를 지닌다. 이것은 본래 숨을 막고 물속에서 떴다 잠겼다 하는 행위, 즉 '무자맥질(潛水)'을 가

---

1) 박통사언해 초간본(1517년) 상권 18쪽.

리켰다.

'숨막질'은 17세기에 '숨박질2)'로 변하고, 19세기에 오면 '숨박금질' 또는 '숨박꼭질'이라는 단어가 나타난다. 시간의 흐름으로 볼 때, '숨막질＞숨박질＞숨박금질3)＞숨박꿈질4)＞숨바쪽질5)＞숨바꼭질'로 변화해 온 것이다.

표준어 '숨바꼭질'의 의미에는 '무자맥질(潛水)' 외에, 수면 아래로 숨는 행위와 연결되어 '숨을 죽이며 노는 놀이', 즉 '술래잡기'라는 의미가 나중에 첨가되었다(조항범(1997)의 『다시 쓴 우리말 어원이야기』 참고).

표준어 숨박꼭질에 대한 전국적인 방언 분화 양상을 살펴보자.

함북 숨길내기, 숨킬내기, 싱길내기, 숨을내기, 수꽉질, 곰출내기
함남 숨길내기, 숨을내기, 쉼기막질(놀음), 감출내기
평북 숨기내기, 숨끼내기, 숨기놀이, 숨키놀이, 숨기잽이, 숨꾸막질, 숨을내기

---

2) 어해록 초간본(1657년) 9쪽. <홍윤표 외(1996), 『17세기 국어사전』 1659쪽 참고.>
3) 물명괄(필사 연대 미상) 희속 35쪽. <박재연 외(2010), 『필사본 고어대사전』 제4권 373쪽 참고.>
4) 서강 물명고(필사 연대 미상) 희속 4쪽. <박재연 외(2010), 『필사본 고어대사전』 제4권 373쪽 참고>
5) 광재물보 제1권 지도 4쪽(19세기 초 필사 추정). <박재연 외(2010), 『필사본 고어대사전』 제4권 373쪽 참고>

평남 숨기내기, 숨끼내기, 숨기낙질
황해 숨기내기, 숨길내기, 성킬내기, 숨키막질, 싱키막질, 숨키
　　　박질
강원 숨바꾹질, 숨바꾸질, 숨막질, 숨박질, 숨킬내기, 숨키박질,
　　　감출내기
경기 숨바꼭질, 숨바꾹질, 술래잡기, 술래재끼, 숨기내기, 숭끼
　　　때기, 숨키막기
충남 숨바꼭질, 숨바꼭기, 숨바꾹질, 숨바꼬질, 숨박질
충북 숨바꼭질, 숨바꾹질, 숨바꼬질, 숨빠꼬지
경북 숨바꿈질, 숨바꼭질, 숨바꿈, 꾸꿈찾기, 봉사놀이
경남 숨바꿈질, 숨바꼭질, 숨박질, 부꿈체기, 뿌꿈숭지, 봉사지기
전북 숨기잽이, 숨구잽기, 숨기새기, 성기잽기, 숨바꼭질, 숨바
　　　깍질, 수꾸막질, 수므깍질, 봉사살이
전남 숨바꼭질, 숨바꿈질, 숨바까질, 숨마깍질, 수마깍질, 수마
　　　까질, 숨박질, 숨기잽이, 숨기새기, 성키마질, 봉사살이, 봉
　　　사놀음
제주 곱을내기, 고볼레기, 고볼락, 곱음재기, 고봄제기

이상에서 제시된 자료를 어형별로 분류해 보면 다음과 같다.

•숨막질계 어형 : 숨막질
•숨박질계 어형 : 숨박질, 수꽉

- 숨박굼질계 어형 : 숨바꿈, 숨바꿈질
- 숨바꼭질계 어형 : 숨바꼭질, 숨바꼭기, 숨바꼬질, 숨바꼬지, 숨바꾹질, 숨바꾸질, 숨바깍질, 숨마깍질, 수마깍질, 수마까질, 수므깍질
- 술래잡기계 어형 : 술래잡기, 술래재끼
- 봉사살이계 어형 : 봉사살이, 봉사놀음, 봉사지기
- 숨기잡기계 어형 : 숨기잽이, 숨구잽기, 숨기새기, 성기잽기
- 숨기내기계 어형 : 숨기내기, 숨끼내기, 숭끼때기, 숨길내기, 숨킬내기, 싱길내기, 성킬내기, 숨기잽이, 숨구잽기, 숨기새기, 성기잽기
- 꾸꿈찾기계 어형 : 꾸꿈찾기, 부꿈체기, 뿌꿈숭지
- 감출내기계 어형 : 감출내기, 곰출내기
- 곱을내기계 어형 : 곱을내기, 고볼레기, 고볼락, 곱음재기, 고봄제기

이 밖에 '숨키막질, 싱키막질, 숨기낙질'은 숨기내기계 어형과 숨막질계 어형의 혼효(混淆)로, '숨키박질'은 숨기내기계 어형과 숨박질계 어형의 혼효(混淆)로 생성되었다.

도출된 어형 중 숨막질·숨박질·숨박굼질·숨바꼭질계 어형은, 어원을 고찰할 때 이미 살펴본 바와 같이 시대적 변화의 결과에 따라 나타난다. 달리 말하면, 방언 분화형에는 고어의

형태가 시대적 순서로 여러 지역에 걸쳐 고스란히 남아 있다.

한편, 새로운 형태로 등장한 단어는 술래잡기·봉사살이·숨기잡기·숨기내기·꾸꿈찾기·감출내기·곱을내기계 어형이다. 이들 어형 중에서 숨어 있는 것을 찾는 의미에 초점을 두는 것은 술래잡기·숨기잡기·꾸꿈찾기·봉사살이계 어형이며, 숨기내기·감출내기·곱을내기계 어형은 숨는 행위의 의미에 초점을 둔다. 특히 곱을내기계 어형은 제주도에만 나타나는 방언형인데, '곱-'에는 '감추다'는 의미가 있으므로, 결국 감출내기계 어형과 같은 의미를 지닌다. 또한 어형과 어형이 서로 섞여 만들어지는 혼효형도 우리의 눈길을 끈다.

이상에서 고찰한 바와 같이, 표준어 '숨박꼭질'에 해당하는 전국의 방언 분화형은, 다양한 형태로 살아 숨 쉬고 있어 그 의미를 분명히 알 수 있다.

시래기

서양 사람들은 육식 위주의 생활을 했고, 이에 비해 우리 동양 사람들은 채식 위주의 생활을 했다고 볼 수 있다. 육식과 채식을 적당히 조절해서 균형 잡힌 식단으로 알맞게 식사를 해야만 올바른 체력을 관리할 수 있을 것이다. 굳이 둘 중 하나를 선택하라면 필자는 우리 동양 사람들에게 알맞은 채식을 많이 하라고 권하고 싶다.

육식동물의 대표로 불리는 사자를 보자. 사자는 성질이 난폭하여 잠자는 그를 어떤 다른 동물도 건드리면 안 된다. 잠자는 사자를 건드리면 그것은 싸움이요, 결국은 둘 중 어느 하나가 죽음으로 가야만 끝장이 난다. 이에 비해 초식동물을 대표하는 사슴을 보자. 사슴은 성질이 온순하며 되새김을 한다.

육식동물은 부패가 빨리 되는 고기를 먹기 때문에, 창자가 짧고 굵을 수밖에 없다. 배설물을 빨리 배설해야 하기 때문이다. 반면에 초식동물은 부패가 상대적으로 느린 풀을 먹기 때문에 창자의 길이가 길고 가늘 수밖에 없다. 창자가 길면 길수록 그 동물은 온순하고 참을성이 많다고 한다.

요즘같이 안전한 먹을거리에 대한 관심이 높을 때 우리 선조들이 가르쳐 준 음식의 하나인 시래기(靑菜)가 많이 생각난다. 시래기는 무청이나 배추의 잎을 말린 것으로, 새끼 따위로 엮어 말려서 보관하다가 볶거나 국을 끓이는 데 쓰며, 겨울철 음식으로 보관하기 쉽다. 시래기로 만들 수 있는 먹을거리로는 시래기나물, 시래기죽, 시래기찌개, 시래기국 등이 있다. 시래기의 고어는 '시락이'[1]로 나오나 어원은 미상이다.

표준어 시래기의 전국적인 방언 분화형을 제시해 본다.

함북 시라지
함남 시라지
평북 시라리
평남 시라지, 시라리
황해 시라지
강원 시라지, 시락지, 씨레기, 건추

---

1) 물보(1802년) 음식.

경기 시라기, 시라구, 시레기, 씨레기, 쉬레기, 쓰레기
충남 시래기, 씨래기, 시라구, 씨라구, 시라기, 씨락지
충북 씨래기, 시래기, 시라구
경북 씨레기, 시라기, 시레기, 시리기
경남 씨래기, 시래기, 시라지
전북 실가리, 씰가리, 시래기, 씨래기, 시라구
전남 실가리, 씰가리, 시래기, 씨래기, 시라리
제주 씨레기

　제시된 분화형은 시래기계 어형(시래기, 시레기, 시리기, 씨래기, 씨레기, 쉬레기, 쓰레기), 시라기계 어형(시라기, 시라구, 씨라구), 시라지계 어형(시라지, 시락지, 씨락지), 시라리계 어형(시라리), 실가리계 어형(실가리, 씰가리)으로 분류될 수 있다.
　관련 속담으로는 '시래기 꽁지(꼬리)에 지푸라기 매달리듯 한다.(떨어지지 않고 끈질기게 따라다닌다는 뜻)'가 유일하게 보인다.

아지랑이

환절기에는 일교차가 심하다. 아침저녁에는 쌀쌀하여 두툼한 옷이 제격이고, 오후에는 초여름처럼 후텁지근하여 옷을 홀홀 벗고 싶다. 그래서 옷을 골라 입기가 무척이나 어렵다. 겨울에서 봄으로 넘어갈 무렵이면 아지랑이가 피어오르는 것을 보곤 한다.

아지랑이(陽炎)는 봄날 햇빛이 강하게 쬘 때 공기가 공중에서 아른아른 움직이는 현상을 의미한다. 어원을 살펴보면 부사 아즐아즐히[1]의 '아즐(강아지 따위가 계속해서 꼬리를 치며 비틀비틀 걷는 모양을 나타내는 의태어)'+접미사 '앙이'가 결합된 파생어로 고문헌에는 '아즐앙이*＞아ᄌ랑이*＞아ᄌ랑이[2]＞아지랑이'

---

1) 두시언해초간본(1481년) 제9권 27쪽.
2) 동문유해(1748년) 상권 28쪽.

로의 변화가 나타난다.

　표준어 아지랑이의 전국적인 방언 분화형을 살펴본다.

　　함북 생대, 생당이, 생댕이, 생댕, 아지래(:)
　　함남 생대, 생댕이, 아무레미, 아지랭이, 아지래이
　　평북 아지랭이, 아즈랭이, 아지랑이
　　평남 아지랭이, 아지랑이
　　황해 아지랭이, 아지래이, 아지랑이, 아무레미
　　강원 아지랑이, 아지랭이, 아즈랭이, 이지렝이, 아므레미, 아무
　　　　　레미, 땅찜, 짐
　　경기 아지랑이
　　충남 아시랭이, 아스랭이, 아지랭이, 아지랑미
　　충북 아지랭이, 아지랑이, 아지렁이
　　경북 아지렝이, 아지레이, 아지라이, 아지라미, 애지레이, 알랑
　　　　　게미
　　경남 삼새미, 아지랑이
　　전북 아지랭이, 아지랑이, 삼새미, 짐:
　　전남 삼새미, 삼사미, 아지랭이, 아지랑이, 땅찌개
　　제주 베끄렝이, 삗ㄱ레이, 베또체비, 삗도체

　제시된 방언 분화형을 유형별로 묶으면 아지랑이계 어형(아
지랑이, 아지랑미, 아지라미, 아지랭이, 아지라이, 아지래이, 아지래(:), 아

지레이, 아즈랭이, 애지래이, 이지렝이, 아지렁이), 아스랭이계 어형(아
스랭이, 아시랭이), 아무레미계 어형(아무레미, 아므레미), 생당이계
어형(생당이, 생댕이, 생댕, 생대), (땅)김계 어형(땅찜, 짐:, 짐), 삼삼
이계 어형(삼사미, 삼새미), 빛가랑이계 어형(베ㄲ렝이, 삔ㄱ레이), 빛
도깨비계 어형(베또체비, 삔도체) 등으로 나타난다.

　표준어 아지랑이를 표현하는 말의 발상이 재미있다. 아즐아
즐한 모습으로, 아슬아슬한 모습으로, 아물아물한 모습으로, 눈
에 삼삼한 모습으로, 솟아오르는 땅김으로, 갈라진 빛으로, 빛
이 나타났다가 사라지는 도깨비의 모습으로 나타내는 것이 다
채롭다.

　속담과 고시조에는 이와 관련된 것이 보이지 않고, '가까우
면 안 보이고, 멀면 보이는 것은?'이라는 수수께끼만이 눈에 뜨
이는데, 이것은 빛도깨비계 어형을 두고 하는 말이다.

여우

'여우가 시집가는 날'이라는 말을 들어본 적 있을 것이다. 경상도에서는 비가 오는 가운데 햇빛이 살짝 드러나면 '야시 빛난다'고 한다. 변덕이 심한 여자를 '야시도배기'라고 하고, 야시 같은 아가씨들이 즐겨 찾는 옷 가게가 늘어선 골목을 '야시골목'이라고 한다.

표준어 '여우(狐)'의 고어는 '여ᅀᆞ[1]'로 나타나며, 후일 '여ᅀᆞ > 여ᅀᅳ[2] > 여으[3] > 여우'로 변화하였다. 어원은 미상이다. 표준어 '여우'의 방언형은 전국적으로 살펴볼 때 매우 다양하다. 그만큼 여우라는 단어를 많이 사용한 결과 다양한 분화형이 발생되

---

1) 월인천강지곡(1449년) 70장.
2) 훈몽자회(1527년) 상권 19쪽.
3) 왜어유해(1781~1782년경) 하권 23쪽.

었다고 할 수 있다. 아래에 제시된 분화형들은 해당 도에서 사용되는 여러 어휘 중 대표적인 것들이다.

함북 여끼, 예끼
함남 영끼, 옝기
평북 영이, 옝이
평남 영우, 영호
황해 여꽹이, 영꽹이
강원 영깨이, 여께이
경기 여오, 여위
충남 여호, 여후
충북 여시, 여수
경북 야시, 예수, 여께이
경남 야시, 여시
전남 여시, 여수
전북 여시, 여수
제주 여시, 여히

 여우에 대한 속담은 매우 많으나, 이 중에서 여우의 특성을 잘 드러내 주는 몇몇 속담을 살펴보기로 한다. 다음에서 개략적으로 살펴본 바 '여우'라는 동물이 상징하는 의미는 '교활, 변덕, 우유부단, 의심'으로 나타낼 수 있겠다.

- 꼬리 아홉 달린 여우다.(매우 교활한 사람)
- 여우는 하루 일곱 번 둔갑한다.(변덕이 많은 사람)
- 여우 뒤웅박 쓰고 삼밭 헤매듯 한다.(자기가 해야 할 일도 모르고 갈팡질팡하는 사람)
- 여우는 의심이 많아서 묻은 것도 다시 파 본다.(여우는 땅에 고기를 묻고는 의심이 많아 자주 파 보듯이, 의심이 많아 무엇을 못 믿는 사람을 비유함.)

'여우'를 소재로 한 시조를 살펴보자. 다음은 대한매일신보 제997호(1908.12.13)에 실린 것이다.[4] 나라가 일제의 손아귀에 들어가려는 그 시점에 간에 붙었다가 쓸개에 붙었다 하는 친일 매국노들을 비꼬는 시조이다.

남산에 늙은 여호 언덕 밑에 은신하여
일시 방심 제 못하고 피흉추길(避凶趨吉) 애만 쓴다
아마도 부간부폐(附肝附肺) 간신배(奸臣輩)는 여호 후신(後身)

● 남산에 늙은 여우 언덕 밑에 은신하여,/ 한때 방심하여 제 구실 못하여 나라가 빼앗길 지경에 이르렀는데 나라를 위해 일제와 싸울 험악한 일은 피하고 자기 자신만의 안락이나 영달을 위한 좋은 일만을 추구하는 데 애만 쓴다./ 아마도 간에 붙었다가 쓸개에 붙었다 하는 간신배들은 여우(왜족)의 후신이리라.

---

4) 박을수(1992), 『한국시조대사전(下)』, 1313쪽 참고

오솔길

오솔길을 거닐다가 한편에 몰려 있는 낙엽을 보면서 많은 것을 생각해 본다. 나뭇잎이 다 떨어지고 나면 오히려 나무의 본모습을 더 잘 볼 수 있다. 꾸밈없이 순수한 그 모습을 닮고 싶다.

오솔길(徑路)은 폭이 좁은 호젓한 길을 뜻한다. 그것의 고어는 문헌에 나타나지 않는다. 어원을 분석해 보면 명사 어근 '외(單)'+형용사 어근 '솔-(細)'+명사 어근 '길(道)'로 이루어져 있어 한 줄기 좁다란 길의 의미를 지니는데, 단어 구성상으로 볼 때 합성어이다. '외솔길* > 오솔길'로 변화한 것으로 이해된다.[1]

표준어 오솔길의 전국적인 방언 분화형을 나타내 본다.

---

1) 김민수 외(1997), 『우리말 어원사전』, 774쪽 참고

함북 오솔질, 오솔길
함남 오솔질, 오솔길
평북 샏길
평남 샏길
황해 소리낄, 소로낄, 샏길
강원 산찔
경기 소로낄
충남 소리찔
충북 소리찔
경북 소리찔, 소레찔
경남 소리찔
전북 소리찔, 산찔, 셍질
전남 소리찔, 산찔, 셍질
제주 소리찔

제시된 분화형을 소로길계 어형(소로낄, 소리낄, 소리찔, 소레찔), 오솔길계 어형(오솔길, 오솔길, 오솔질), 샏길계 어형(샏길, 셍질), 산길계 어형(산찔)으로 분류할 수 있다.

소로길계 어형의 분포 지역이 넓은 것으로 보아 이 어형이 일찍부터 사용되었음을 알 수 있고, 나머지 어형들은 사용 시기가 후대인 것으로 여겨진다. 특히 오솔길계 어형은 함경도 지역에만 보인다.

옥수수

'가죽 벗기고 수염 깎고 살은 먹고 뼈는 버리는 것은?'이라
는 수수께끼의 답은 뭘까?

고고학적 자료에 의하면 이것의 야생 조상종은 적어도 BC
5,000년 무렵에 멕시코에 분포해 있었고, 재배형이 성립된 것은
BC 3,000년 무렵이다. 그리고 BC 2,000년 무렵에는 지금 볼 수
있는 것과 같은 이삭의 형태가 성립되었다. 우리나라에는 조선
시대에 명나라로부터 전달되었다고 한다.

정답은 옥수수(玉蜀黍)이다. 그 이름도 중국음의 위수수(玉蜀黍)
에서 유래하여 한자의 우리식 발음인 옥수수가 되었다. 그것의
고어는 '옥슈슈'[1]로 나타나는데, 뒷날 방언에 따라 '옥슈슈＞옥

---

1) 역어유해(1690년) 하권 9쪽.

수수'로, '옥슈슈>옥슈쉬*>옥슈쉬[2]>옥수시'로 변화되었다. 한편으로 '옥수꾸'는 위와는 다른 변화 과정을 겪는데, 명사 어근 '옥슈슈'+접미사 '기'가 결합하여 '옥슈슈+기>옥슈끼*>옥수끼*>옥수꾸'로 바뀌었다.

어원을 분석해 보면 접두사 '옥(玉)+명사 어근 '슈슈(蜀黍)'로 결합되었으며, 단어 구성상으로 볼 때 파생어에 속한다. 곡식의 하나인 수수는 훈몽자회에 '슈슈[3]로 나타나는 것으로 보아, 옥수수는 기존의 수수에 접두사 옥을 붙여 '좋은 수수'라는 의미를 지닌다.

표준어 옥수수의 전국적인 방언 분화형을 살펴보기로 한다.

함북 강내, 가내수끼, 개수기, 옥쉬
함남 강내, 강내, 당쉬
평북 강낭, 강내이, 강능띠, 강능오사리
평남 강냉이, 강내이
황해 강내이, 강나미, 강내미
강원 옥시끼, 옥시기, 강냉이, 옥데끼
경기 옥수수, 강냉이, 강내이

---

2) 의방 경고재(저자 및 필사 연대 미상). <박재연 외(2010), 『필사본 고어대사전』 제5권 336쪽 참고.
3) 훈몽자회(1527년) 상권 12쪽.

충남 옥수꾸, 옥수수, 옥수깽이, 강내이
충북 옥수꾸, 옥시기, 옥쑤수
경북 옥수꾸, 강네이, 강낭, 강낭수꾸
경남 강내이, 깡내이, 강냉새끼, 옥수수
전북 옥수시, 강냉이, 깡냉이
전남 깡냉이, 옥수시, 옥소시
제주 강낭대죽, 강낭대축, 강낭수꾸

위에 제시된 분화형을 강낭계 어형(강낭), 강냉이계 어형(강내이, 강내, 강냬, 강냉이, 강내미, 강나미, 강네이, 깡내이, 깡냉이), 옥수수계 어형(옥수수, 옥쉬, 옥시끼, 옥시기, 옥데끼, 옥수꾸, 옥수깽이, 옥시기, 옥쑤수, 옥수시, 옥소시), 강낭수수계 어형(강낭수꾸, 가내수끼, 강냉새끼), 강낭대죽계 어형(강낭대죽, 강낭대축), 당수수계 어형(당쉬)으로 분류할 수 있다.

방언형의 분포를 바탕으로 논의해 보면, 강낭 / 강냉이계 어형의 분포가 옥수수계 어형보다 넓은 것으로 보아, 전자가 후자보다 먼저 사용되었음을 알 수 있다. 강냉이는 중국 강남(지금의 남경)에서 전래하였는데, 그 어원은 명사 어근 '강남(江南)'＋접미사 '이'로 분석되며, 단어 구성상으로 볼 때 파생어이다. '강남이＞강낭이＞강냉이'로 변화 과정을 거쳤다.

우물

　예전에는 겨울이면 때가 덕지덕지 않은 아이들의 손등이 터서 거북이 등처럼 갈라졌다. 두레박으로 기른 물에 손등을 담그고 조약돌로 새카만 손등을 문질러 보지만 좀처럼 때가 가질 않았다. 우물가에서 오래도록 벌벌 떨면서 손등을 문지르면, 손등은 시뻘겋게 변해 버렸다.

　우물(井)은 땅을 파고 그 속에 있는 물을 괴게 하는 설비의 의미를 지닌다. 그것의 어원을 분석하면 명사 어근 '움(穴)'+명사 어근 '믈(水)'로 이루어졌으며, 단어 구성상으로 볼 때 합성어이다. 결국 '움믈*>우믈1)>우물'로 변화를 보인다고 하겠다.

　표준어 우물의 전국적인 방언 분화형을 나열해 본다.

---

1) 능엄경언해(1462년) 제3권 92쪽.

함북 구렁물, 구름물, 움물, 운물

함남 움물

평북 두룸물, 움물, 디린물, 엄물

평남 움물, 어물, 두릉물

황해 움물

강원 웅굴, 움물, 웅물, 우물

경기 움물, 우물, 운물, 샘ː

충남 샘ː, 새암, 샴ː, 우물

충북 샘ː, 우물, 샴ː, 샘ˑ

경북 웅굴, 셈ː, 세ː 미, 우물

경남 새(ː)미, 새미물, 새ː물, 움물

전북 새암, 시암, 샘ː, 샴ː

전남 새암, 시암, 샘ː

제주 우물, 우물통, 물통

　　위에 제시된 방언형을 움물계 어형(움물, 웅굴, 웅물, 운물, 엄물, 어물, 우물), 샘계 어형(샘ː, 샴ː, 셈ː, 세ː미, 새ː미, 새암, 시암, 샴ː), 구렁물계 어형(구렁물, 구름물, 두릉물, 두룸물, 디린물), 물통계 어형(물통)으로 분류할 수 있다. 특히 제주 지역에 나타나는 어휘 우물통은 우물과 물통의 혼효형으로 보인다.

　　병와(甁窩) 이형상(1653~1733)이 엮은 병와가곡집에 우물을 소재로 한 시조가 있다.

밑남편 그놈 광주 광덕산(廣州廣德山) 싸리비 장사 소대남진 그
놈 삭녕(朔寧)이라 잇비장사
눈정의 거른 님은 뚝닥 두드려 방망치 장사 드롤로 마라 홍둑
개 장사 뱅뱅도라 물네장사 우물전의 치다라 간당간당 하다가
워랑충창 풍덩 빠져 물 담복 떠내는 드레꼭지 장사
이 얼굴 가지고 됴래박 장사 못 얻으리

● 본남편은 광주 광덕산 싸리비 장사 간부(姦夫)는 삭녕 벼빗자루 장사/ 눈정의 걸
  어둔 님은 두드려 방망이 장사, 도르르 말아 홍두깨 장사 빙빙 돌아 물레장사 우
  물가의 올라가서 간당간당하다가 워랑충창 풍덩 빠져 물 담뿍 떠내는 두레박 장
  사/ 이 얼굴 가지고 조리 장사 못 얻을까

196

이엉

　한국의 정서를 대변하는 것 중의 하나가 초가집이다. 초가집의 둥그런 동선은 보는 이로 하여금 여유와 풍요로움을 가져다 준다. 초가집의 지붕을 이기 위해서는 이엉을 만들어야 한다.

　이엉(蓋草)은 초가집의 지붕이나 담을 이기 위하여 엮은 짚을 의미한다. 이엉의 고어는 '새'[1]와 '니영'[2]이 있는데 새가 니영보다 시기적으로 앞서 나타난다. 표준어 이엉은 어원적으로 볼 때, 동사 어근 '니(蓋)'에 접미사 '엉'이 결합되어 '니엉*>니영>이엉'으로 변해간 것이다.

　표준어 이엉의 전국적인 방언 분화형을 제시해 본다.

---

[1] 법화경언해(1463년) 2권 244쪽.
[2] 청구영언 <진본>(1728년) 172쪽.

함북 나래, 영게, 네영
함남 나래, 영기, 옝기, 예영
평북 넝, 날개
평남 넝, 날개
황해 영, 영:
강원 영, 영:, 영개, 옝, 이엉
경기 영, 이엉
충남 나래, 영, 이엉, 영구새
충북 영개, 영구새, 나래, 영
경북 영게, 영기, 마람, 마럼
경남 영, 영개, 나래, 마람, 나래마름
전북 날개, 나래, 마람, 영
전남 날개, 마람, 나람
제주 ᄂ람지, ᄂ라미, 눌래, ᄂ렘이

위에 제시된 방언형은, 날개계 어형(날개, 나래, 눌래), 니엉계 어형(네영, 예영, 넝), 이엉계 어형(이엉, 영, 영:), 이엉＋개(蓋)계 어형(영게, 영기, 영개) 이엉＋개(蓋)＋새계 어형(영구새), 마람계 어형(마람, 마럼, 나람, ᄂ라미, ᄂ람지, ᄂ렘이), 날개＋마람계 어형(나래마름)으로 분류될 수 있다.

이 중에서 어휘 마람은 이엉을 엮어 말아 놓은 단을 의미한다. 영구새는 세 개의 어근으로 이루어진 복합어로서, 고유어 '이엉(<니엉)'에 한자어 '개(蓋)'가 결합된 복합어에 또다시 고유어 '새'가 결합된 것으로 여겨진다. 그 변화 과정은 '영개새*> 영계새*>영기새*>영그새*>영구새'이다.

청구영언에 있는 송호(松湖) 허정(1621~?)이 쓴 시조에서 이영은 '니엉'의 형태로 나타난다.

니엉이 다 거두치니 울잣신들 성할소냐
불 아니 때인 방에 긴 밤 어이 새오려니
아해난 世事를 모로고 이야지야 한다

● 이엉을 걷어치우니 울타리인들 성할소냐/ 불을 때지 않은 방에 긴 밤을 어찌 새울까/ 아이는 세상일을 모르고 이러쿵저러쿵 불평만 한다

자물쇠

겨울의 찬바람이 불어오는 시골 산동네는 도시에 비해 훨씬
을씨년스럽다. 시골 동네는 황폐화된 곳이 많다. 아기 울음이
끊어진 지는 오래되었고, 마음의 고향인 초등학교마저 폐교가
된 곳이 어디 한두 곳이던가! 젊은이는 눈 닦고 보아도 보이지
않고, 연세 지긋한 노인은 배운 것이라고는 땅을 파먹는 재주
밖에 없어 늘 땅과 함께 살아가는 수밖에 별다른 도리가 없다.
시골 동네에 폐가가 많고, 장기간 집을 나간 주인을 기다리는
대문에 큼직한 자물쇠가 굳게 잠긴 집이 많아 한층 적막감이
감돈다.

자물쇠(鎖金)의 고어는 '즈믌쇠'[1]로 나타나는데, 후일 '즈믌

---

1) 법화경언해(1463년) 제4권 131쪽.

쇠 > ᄌᆞ물쇠2) > ᄌᆞ믈쇠3) > ᄌᆞ물쇠4) > 자물쇠'로 변화되었다. 어원을 분석하면 동사 어간 'ᄌᆞᄆᆞ-(閉)'+어미 ㄹ+명사 '쇠(鐵)'로 이루어져 있어, 단어 구성상으로 볼 때 합성어에 속한다.

표준어 자물쇠의 전국적인 방언 분화형을 나열해 본다.

함북 쇠때, 쇠

함남 쇠때, 쇠통, 쇠

평북 쇠통, 쇠

평남 쇠때

황해 쇠

강원 쇠때, 자물통, 자물쇠

경기 ×

충남 자물쇠, 자물통, 쇠때

충북 자물통, 쇠때, 쇠통, 마물쎄

경북 자물세, 자물통, 시때,

경남 자물통, 자물쎄, 쌔때, 마물세

전북 쇠통, 자물통, 쇠때

전남 쇠통, 새때, 통쇠

제주 통쉐, 통쉐

---

2) 두시언해 초간본(1481년) 제6권 14쪽.
3) 박통사언해 중간본(1677년) 상권 37쪽.
4) 동문유해(1748년) 하권 13쪽.

이상의 제시된 자료를 통하여 자물쇠의 방언을 자물통계 어형(자물통), 자물쇠계 어형(자물쇠, 자물세, 자물쎄), 쇳대계 어형(쇠때, 쎄때, 새때, 시때), 쇠통계 어형(쇠통), 통쇠계 어형(통쇠, 통쉐, 통쉐, 퉁쉐), 쇠계 어형(쇠), 마물쇠계 어형(마물쎄)으로 분류할 수 있다.

청계(淸溪) 강복중(1563~1639)이 지은 시조에서 자물쇠는 '쇠'의 형태로 나타난다.

> 선왕(愃王)[5]이 화선후(化仙後)에 고은 대군 어대 간고
> 에엿쁜 대비공주의 가슴속의 잠겨 계셔 밤이나 낫지나 님 향해
> 애정(哀情)과 회중살자(懷中殺子)를 일각(一刻)이나 잊으실가 기한
> (飢寒)이 도골(到骨)하야 팔십쇠옹(八十衰翁)은 애고애고 하며 서
> 궁을 바르보고 눈물질 뿐이로다
> 아매나 유정한 벗님네 뎌 쇠 열길 호쇼셔
>
> ● 사도세자가 신선이 된 후 고운 대군은 어디로 갔는가?/ 불쌍한 대비마마 밤이나 낮이나 임 향한 구슬픈 마음과 품속의 죽은 자식을 잠시나마 잊을 수 있을까. 굶주림과 추위가 뼛속까지 이르러 팔십의 늙은이는 서궁을 바라보며 눈물 흘릴 뿐이로다/ 아무나 저 자물쇠를 열어주오

---

5) 선왕은 사도세자를 지칭하는데, 사도세자의 생몰 연대는 1735~1762년이다. 이 시조를 지은이는 청계 강복중(1563~1639)으로 되어 있으나, 조사 결과 강복중의 현손(玄孫) 강황이 정리하여 전사한 것으로 파악된다. <신경숙 외(2012), 『고시조 문헌해제』, 490쪽 참고>

잠자리

시골길을 가다보면 공중을 예쁘게 선회하고 있는 고추잠자리 떼의 모습이 눈에 들어온다. 표준어 '잠자리(蜻)'의 고어는 '존자리[1]'로 되어 있다. 그 어원은 미상이나, '존자리>존ᄌ리[2]>잔ᄌ리[3]>잠자리'의 변화 과정을 겪었다.

동의학사전에 의하면 잠자리는 양기가 허하여 오는 유정(遺精, 정액이 절로 나오는 병)과 음위증(陰痿証, 성욕은 있으나 음경이 제대로 발기되지 않는 증상) 등의 치료에 쓰이는데, 여름과 가을에 잡아 다리와 날개를 버리고 하루 2~4마리를 가루 내어 먹는다.

표준어 잠자리의 분화형을 살펴보면 대단히 많다.

---

1) 두시언해 초간본(1481년) 제7권 2쪽.
2) 물보(1802년) 비충.
3) 물명유고(1820년대) 2권 곤.

함북 소곰재(:), 소곰쟁이, 소금쟁이, 잼재리
함남 잼자리, 잰재리, 잼재, 소금쟁이
평북 잠자리, 잠재리, 잼재리, 잰재리
평남 잰재리, 푼잰자리, 브짠자리, 붇쟁이
황해 장잘기
강원 찰기, 차랭이, 짬자리, 소곰쟁이
경기 잠아리
충북 남자리, 나마리, 짬자리, 소곰쟁이
충남 자마리, 잠자리, 참자리, 잠재리
경북 철기, 철게이, 철레이, 남자리, 어러리
경남 철기, 철구, 남자리, 찰래비, 해오리
전북 잠마리, 참마리, 참자리, 간진자리, 꼬부리
전남 참자리, 남자리, 잠마리, 차마리
제주 밥주리, 밤버리

위에 나열된 자료를 통해 잠자리의 방언을 잠자리계 어형,
남자리계 어형, 소금쟁이계 어형, 철기계 어형으로 분류할 수
있다.
잠자리를 소재로 한 속담으로는 다음과 같은 것들이 있다.

- 잠자리 눈꼽이다.(매우 적은 양)
- 잠자리 꽁지 맞추듯 한다.(잠자리의 교미는 순간적으로 하듯이, 무슨 일을 잠깐 동안에 해치움.)
- 잠자리 맹구쟁이 적 생각은 못 한다.(잠자리가 유충 때 생각은 못 하고 성충이 다 된 후를 생각만 하듯이, 자신의 옛 처지는 잊어버리고 우쭐대는 사람)
- 잠자리 날개 같다.(매우 얇고 고운 옷을 비유하는 말)

청구영언 육당본에 백회재(百悔齋) 이정신(생몰년 미상)이 잠자리를 소재로 쓴 시조가 있다. 이 시조에서 앞의 '붉가숭이'는 고추잠자리고, 뒤의 것은 벌거벗은 아이들을 뜻한다. 즉 붉가숭이가 붉가숭이를 잡아먹는, 서로 믿을 수 없는 약육강식의 각박한 세태를 해학적으로 풍자하였다.

붉가버슨 兒孩(아해)ㅣ들리 거믜줄 테를 들고 긔川(천)으로 왕래(往來)ᄒ며
붉가숭아 붉가숭아 져리 가면 죽나니라 이리 오면 스ᄂ니라 부로나니 붉가숭이로다
아마도 세상일이 다 이런 것인가 하노라

● 벌거벗은 아이들이 잠자리채를 들고 개천으로 왕래하며/ '발가숭아 발가숭아 져리 가면 죽는다. 이리 오면 산다.'고 부르는 것이 발가숭이로다/ 아마도 세상일이 다 이런 것인가 하노라

진눈깨비

　함박눈을 잔뜩 기대하다가 진눈깨비를 만나면 우리는 인상을 찡그린다. 표준어 '진눈깨비(雨雪)'는 비가 섞여 내리는 눈을 말한다. 고어사전이나 어원사전에도 진눈깨비에 대해 아무런 언급도 없어 고형을 파악하기 어려울 뿐만 아니라, 어원을 탐구하는 데 매우 어려운 처지에 놓여 있다.

　표준어 진눈깨비의 전국적인 방언 분화형을 보면 눈발만큼이나 많다.

　　함북 진눈깨비, 눈개비, 눈비
　　함남 진눈깨비, 눈개비, 진개눈
　　평북 진눈깨비, 눈비, 진개눈, 즌눈
　　평남 진눈깨비, 진눈

황해 진눈깨비

강원 진갈비, 진갈피, 진눈깨비, 눈개비, 눈가뻬

경기 진눈깨비, 짐능깨비, 진누깨비, 지눈깨비

충남 진누깨비, 지누깨비, 지느깨비, 진깨비

충북 진눈깨비, 질능깨비, 진는깨비, 지눈깨비, 징갈비, 징갈눈

경북 진갈비, 진갈눈, 진가루, 눈비, 진사, 진서

경남 진갈비, 진서, 진새, 진태, 사모래기, 사무래기

전북 진눈깨비, 진눙깨미, 진진깨비, 진지깨비, 진태미, 진태, 진
       테, 진티

전남 진눈깨비, 진깨비, 진눈, 진태, 진테, 진티, 무눈, 빈눈

제주 눈짐벵이, 눈징벵이, 눈비

　제시된 방언 분화형은 유형별로 진눈깨비계 어형(진눈깨비, 진
는깨비, 진눙깨미, 질능깨비, 짐능깨비, 진누깨비, 지눈깨비, 진진깨비, 진
지깨비), 눈개비계 어형(눈개비, 눈가뻬), 진깨비계 어형(진깨비), 진
눈계 어형(진눈, 즌눈), 진개눈계 어형(진개눈), 진서계 어형(진서,
진사, 진새), 진태계 어형(진태미, 진태, 진테, 진티), 진갈비계 어형
(진갈비, 징갈비, 진갈피), 진가루눈계 어형(진갈눈, 징갈눈), 진가루계
어형(진가루), 눈비계 어형(눈비), 물눈계 어형(무눈), 빗눈계 어형
(빈눈), 사무래기계 어형(사무래기, 사모래기), 눈짐방이계 어형(눈짐
벵이, 눈징벵이)으로 분류할 수 있다.

눈개비계 어형, 진깨비계 어형, 진눈계 어형 모두는 진눈깨비계 어형에서 파생되었는데, 먼저 눈개비계 어형은 진눈깨비계 어형에서 어두음 '진'이, 다음으로 진깨비계 어형은 그것에서 어중음 '눈'이, 마지막으로 진눈계 어형은 그것에서 어말음 '깨비'가 각각 생략되어 생겨난 것이다. 한편 진가루계 어형은 진가루눈계 어형에서 어말음 '눈'이 생략되어 만들어진 것이다.

속담으로는 '진눈 위 기러기 발자국이다.(눈 위에 기러기 발자국은 있다가도 없어지듯이 흔적이 없어져서 알지 못한다는 말)'가 유일하게 나타난다.

진달래

진달래꽃은 월경을 순조롭게 하고 피를 맑게 하며, 고혈압에 큰 효험이 있다고 믿어 약재로도 많이 쓰인다. 삼월 삼짇날 진달래꽃에 찹쌀가루를 묻혀 끓는 기름에 띄워 지진 두견화전을 먹는데, 이것을 먹으면 한 해 동안 부스럼이 없다고 한다.

또한 진달래꽃으로 술을 빚기도 하는데, 이를 두견주(杜鵑酒)라 한다. 두견화라는 이름은 두견이가 피나게 울어, 그 피에 물들어 핀 꽃이라는 중국의 전설에서 유래한다. 이처럼 진달래꽃은 약재와 식품으로 널리 이용되었기 때문에 참꽃이라 부르기도 한다.

표준어 '진달래(山躑躅, 杜鵑花)'의 고어는 '진둘위'[1]로 나타난

---

1) 훈몽자회(1527년) 상권 4쪽. <김민수 외(1997), 『우리말 어원사전』 971쪽 참고>

다. 이것의 변화는 '진둘외* > 진둘위 > 진둘의2) > 진둘릐3) > 진 달래'의 과정을 겪었다. 어원을 분석해 보면 접두사 '진(眞)'+명 사 어근 '둘외'로 이루어진 파생어이다.

표준어 진달래(꽃)의 전국적인 방언 분화형을 제시해 본다.

> 함북 천지꽃, 첸지꽃, 텐지꽃, 진달래
> 함남 진달리, 진달루, 진달뤼, 진달레, 천지꽃
> 평북 진달레
> 평남 진달레, 진달루
> 황해 진달레
> 강원 진달루, 진달래, 참꽃, 창꽃
> 경기 진달레, 진달래, 창꽃, 꼳장다리
> 충남 진달래, 진달레, 진달리, 참꽃
> 충북 진달래, 참꽃, 창꽃
> 경북 참꽃, 창(:)꽃, 진달레, 진다레, 연달레
> 경남 참(:)꽃, 창(:)꽃, 진달레, 개(:)꽃
> 전남 참꽃, 개꽃, 계꽃, 진지리꽃, 진달래(꽃)
> 제주 신달뤼, 신달리, 진달레, 진달리

2) 훈몽자회(1527년) 상권 7쪽.
3) 역어유해(1690년) 하권 39쪽.

위의 자료를 통하여 진달래의 방언을 천지꽃계 어형(천지꽃, 첸지꽃, 텐지꽃), 진달래(꽃)계 어형(진달래(꽃), 진달레, 진달리, 진달뤼, 진달리, 진다레), 참꽃계 어형(참(:)꽃, 창(:)꽃), 개꽃계 어형(개(:)꽃, 계꽃), 신달래계 어형(신달뤼, 신달리) 등으로 분류해 볼 수 있다. 진달래(꽃)계 어형이 전국적으로 분포를 보이는 가운데, 남부·중부 지역에서 참꽃계 어형, 남부 지역에서 개꽃계 어형, 그리고 제주도 지역에서 신달래계 어형이 두드러지게 나타난다.

진달래와 관련된 속담으로는 다음과 같은 것들이 있다.

- 진달래가 두 번 피면 가을날이 따뜻하다.(진달래가 일 년에 두 번 피는 해는 가을날이 늦게까지 따뜻함.)
- 진달래 꽃잎이 여덟이면 풍년 든다.(진달래 꽃잎은 보통 다섯 장으로 되었는데 여덟 장으로 된 것이 피는 해는 풍년이 듦.)
- 진달래 지면 철쭉꽃 보랬다.(상처(喪妻)하면 또 결혼을 하라는 말)

짚신

가볍게 걷는 사람이 멀리 간다는 말이 있다. 특히 산행을 할 때는 더욱 그렇다. 봄 경치를 구경하며, 그 아름다움을 예찬한 잡가(雜歌)인 유산가(遊山歌) 첫머리 부분이 생각난다.

'때 좋다, 벗님네야, 산천경개(山川景槪)를 구경을 가세/ 죽장망혜(竹杖芒鞋) 단표자(單瓢子)로 천리 강산을 들어를 가니/ 만산홍록(滿山紅綠)들은 일년일도(一年一度) 다시 피어 춘색(春色)을 자랑노라 색색이 붉었는데'

여기에서 화자는 짚신을 신고 벗과 함께 산천을 구경 다니고 싶다고 한다.

표준어 '짚신'의 어원을 분석해 보면 명사 '딮(乾草)'과 명사 '신(鞋)'이 결합하였는데, 단어 구성법으로 볼 때 합성어이다. '딮신* > 집신[1] > 짚신'으로 변화되었다. 한편 미투리(삼이나 노

따위로 짚신처럼 삼은 신으로 마혜(麻鞋)라고도 함)의 고형인 메트리[2]도 보인다. 이 어휘는 후일 '메트리>메토리[3]>메투리*>미투리'로 변화되었는데 어원은 미상이다. 짚신과 미투리는 엄밀한 의미에서는 재료에서 차이가 나나, 방언에서는 구별하지 않고 사용한다.

표준어 짚신의 전국적인 방언 분화형을 제시해 본다.

함북 사신, 초신, 메커리, 머커리
함남 사신, 초신, 베집신, 집세기
평북 초신, 딥신, 집세기
평남 집신, 딥신, 마컬레
황해 초신, 집새기, 집세기, 신발
강원 집세기, 집신, 집써기, 집썩
경기 집세기, 집새기, 집신, 집써기, 집석
충남 집신, 집세기, 집석
충북 집신, 집쎄기, 집씨기, 집써기
경북 집시기, 집신, 미터리
경남 집시기, 집신, 틀메기
전북 집세기, 집신, 털미기

---

1) 물보(1802년) 의복.
2) 구급간이방(1489년) 제6권 61쪽. <김민수 외(1997), 『우리말 어원사전』, 409쪽 참고>
3) 동문유해(1748년) 상권 53쪽.

전남 집신, 집세기, 집석

제주 초신, 집신, 찝신

위에서 제시된 방언형을 (베)집신계 어형((베)집신, 찝신, 딥신), 초신계 어형(초신), 사신계 어형(사신), 집세기계 어형(집세기, 집새기, 집쩨기, 집시기, 집씨기, 집써기, 집석, 집썩), 미투리계 어형(미터리, 메커리, 머커리, 마컬레), 털미기계 어형(털미기, 틀메기) 등으로 분류할 수 있다.

짚신과 관련된 속담으로는 다음과 같은 것들이 있다. 속담에서 짚신은 주로 보잘것없거나 옹색하다는 의미로 표현된다.

- 짚신 감발에 갓망건 쓰기다.(탐탁하지 않은 일도 하다 말면 섭섭함.)
- 짚신을 뒤엎어 신는다.(인색하게 할 데나 아니 할 데나 인색한 짓을 함.)
- 짚신장이는 짝신만 신는다.(반드시 가져야 할 사람이 그것을 못 가졌을 때 하는 말)

청구영언에 짚신과 관련한 고시조가 보인다. 여기에서 짚신은 '메투리'로 나타난다.

(…)청울치 뉵눌 메토리 신고 휘대 장삼 두루쳐 메고(…)

● 칡덩굴의 속껍질의 육날로 삼은 미투리를 신고 휘감은 장삼을 들쳐 메고

팽이

겨울이 되면 모락모락 피어나는 추억이 하나 있다. 요즘 도시의 아이들은 팽이치기를 거의 안 하나, 옛날 시골에서는 아이들이 나무로 팽이를 직접 깎아 만들어 추운 겨울 강가·연못·논바닥 등의 얼음 위에서 팽이치기를 했다.

팽이치기에는 5~10m의 목표 지점을 설정해 놓고 팽이채로 정확하게 팽이의 허리를 치면서 빨리 돌아오기를 겨루는 놀이, 돌고 있는 팽이를 맞부딪쳐 상대편 팽이를 쓰러뜨리는 팽이 싸움 놀이, 아래위로 총알을 박은 팽이를 팽이 줄로 감아 머리 위로, 또는 팔을 옆으로 비켜서 마치 야구의 투수가 던지는 식으로 팽이를 던져 돌려 서로 맞부딪치게 하는 팽이 찍기 등의 놀이 방법이 있다.

표준어 '팽이(托羅)'의 고어는 '핑이'[1]로 나오는데, 그 어원은 부사 어근 '팽(소리·끌시늉말)'에 접미사 '이'가 결합되어 생성된 파생어이다. 팽이의 전국적인 방언 분화형을 제시해 본다.

함북 배아리, 배알, 뱅애, 뱅애, 보애, 세리
함남 골팽이, 골팽, 골뱅이, 보애
평북 서리, 세리, 세루
평남 세리, 패이
황해 서리, 세리, 패이
강원 골팽이, 패이, 뺑이, 뻬이
경기 팽이, 패이
충남 뺑이, 팽이, 팽구라미
충북 팽구라미, 팽구래미, 패이, 뺑이
경북 펭데이, 핑디이
경남 공개, 뺑소이, 뺑새이, 팽대이, 핑비이
전북 뺑오리, 패이, 뺑이
전남 뺑도리, 뺑오리, 팽이, 팽
제주 팽도로기, 돌래기, 팽이

제시된 분화형은 배아리계 어형(배아리, 배알), 골팽이계 어형(골팽이, 골팽, 골뱅이), 서리계 어형(서리, 세리, 세루), 팽이계 어형

---

1) 역어유해(1690년) 하권 23쪽, 한청문감(1779년) 260쪽.

(팽이, 팽, 패이, 뺑이, 빼이), 팽덩이계 어형(펭데이, 팽대이, 핑디이, 핑비이), 팽구라미계 어형(팽구라미, 팽구래미), 팽도로기계 어형(팽도로기, 뺑도리, 뺑오리), 팽송이계 어형(뺑소이, 뺑새이) 등으로 분류된다.

어형 및 어휘에 대한 정확한 의미 파악은 어렵지만 필자의 능력 한도 내에서 논의해 보면, 배아리계 어형은 뱅뱅 팽이가 도는 모습을 나타내고, 서리계 어형은 서서 돈다고 하여 서리라는 명칭을 부여한 것으로 보인다. 팽이계 어형, 팽덩이계 어형, 팽송이계 어형, 팽구라미 어형은 모두 팽이가 팽팽 도는 모습과 관련된 것들이다.

함남 지역 방언인 보애는 팽이가 도는 모양이 보얗게 보인다고 하여 그렇게 이름 지은 것이다. 그리고 함북 지역 방언인 뱅애는 팽이가 뱅뱅 돈다고 한 데서 취한 것이다.

팽이와 관련된 속담으로는 '팽이와 아이는 때려야 한다.(어린 아이는 너무 귀여워하지만 말고 엄하게 가르쳐야 한다는 말)'가 유일하게 눈에 띈다.

한가위

  우리 민족의 최대 명절의 하나인 한가위(仲秋節)는 음력 팔월 보름날이다. 이날은 햅쌀로 송편을 빚고 햇과일 따위의 음식을 장만하여 조상님들께 차례를 지낸다.

  한가위의 어원을 분석하면, 접두사 '한(正)'+명사 '궁(中央)'+명사 '익(日)'로 이루어져 가을 한복판의 보름날이라는 뜻을 지녔고, 단어 구성상으로 볼 때 파생어에 속한다. 한가위가 만들어지기까지의 과정을 살펴보면, '한+궁+애>(한)가뷔*(嘉俳)>(한)가외1)>한가위'로의 과정을 겪었다.

  표준어 한가위의 전국적인 방언 분화형을 제시해 본다.

---

1) 역어유해(1690년) 상권 4쪽.

함북 츄석, 츄셕, 취석
함남 ×
평북 취석, 한가우
평남 ×
황해 ×
강원 추석, 한가위, 보름, 보룸
경기 한가위, 한가이
충남 한가위, 추석, 보름
충북 한가위, 추석, 보름
경북 한가우, 추석, 대보름, 가배
경남 한가우, 추석, 가오, 가배, 파럴대보름
전북 추석
전남 한가운날, 한가우, 한가이, 추석
제주 추석, ᄀ실멩질

　제시된 방언 분화형은 추석계 어형(추석, 츄석, 츄셕, 취석), 한
가위계 어형(한가운날, 한가위, 한가이, 한가우, 가우, 가배), 보름계
어형(대보름, 보름날, 보롬날, 파럴대보름), 가실명절계 어형(ᄀ실멩질)
으로 분류할 수 있다.
　표준어 한가위의 전국적인 방언 조사는 지금까지 한 번도 이
루어지지 않았다. 짜깁기 식으로 글쓴이가 여기저기서 여러 참

고 자료를 통해 끼워 넣었으나, 아쉽게도 북한의 몇몇 지역은 자료를 찾아볼 수 없었다. 남북통일이 되면 반드시 조사하여 빈칸을 채워 넣을 것이라 다짐해 본다.

한가위와 관련된 속담으로는 다음과 같은 것들이 있다.

- 더도 말고 덜도 말고 늘 한가위 날만 같아라.(잘 먹고 잘 입고 놀고만 살았으면 하는 것을 원하는 말)
- 추석에 비가 오면 보리 흉년 든다.(농가에서 비 오는 것으로써 보리 흉년을 짐작하는 말)

후재(後齋) 이진문(1573~1630)이 쓴 시조인 봉사군일기(奉事府君日記)2)에서 한가위는 '한가외날'로 나타난다.

팔월 한가외날 엇지 삼긴 나리완되
무심한 달 비찬 오날 밤의 칙발근고
님 그려 아닥한 마암을 발키난 닷하여라3)

● 팔월 한가위는 어찌 생긴 날인가/ 무심한 달빛은 오늘 밤에 더 밝은가/ 님 그리워 아득한 마음을 밝히는 듯하구나

2) 신경숙 외(2012), 『고시조문헌 해제』, 500쪽 참고
3) 박을수(1992), 『한국시조대사전(下)』, 1202쪽 참고

함박눈

겨울의 운치는 함박눈이 펑펑 내려 눈사람도 만들고 눈썰매도 타는 그런 광경일 것이다.

표준어 '함박눈(芍藥雪)'은 함박꽃 송이처럼 굵고 탐스럽게 많이 내리는 눈인데, 이에 대한 대립어로는 가루눈이나 싸라기눈이 있다. 어원을 분석해 보면, 형용사 어간 '하-(大)'+어미 'ㄴ'+명사 '박(瓠)'으로 이루어진 합성어로, '한박[1]〉함박[2]'으로 변했다. 그 후 다시 '함박'+'눈'이 합성되어서 함박눈으로 만들어졌다.

표준어 함박눈에 대한 표현이 지역마다 달라 재미있다. 함박꽃처럼 활짝 핀 눈꽃이라는 의미에서 함박눈, 솜처럼 하얗다는

---

1) 물명유고(1824년) 제3권 14쪽.
2) 물명유고(1824년) 제3권 18쪽.

의미에서 솜눈, 눈의 입자가 굵다고 해서 굵근눈·큰눈·덩이
눈, 꽃송이처럼 생겼다고 송이눈, 영감의 굼뜬 행동처럼 느릿느
릿하게 내려온다고 영감눈으로 표현하였다. 고유어로 만들어진
이런 단어들을 자주 사용하면, 우리들은 감성이 풍부해져서 훌
륭한 시인이 될 수 있다.

표준어 함박눈에 대한 전국적인 방언 분화형을 제시해 본다.

함북 솜:눈, 큰눈
함남 큰눈, 함방눈
평북 함방눈
평남 함방눈
황해 ×
강원 함방눈, 함빵눈
경기 ×
충남 송이눈, 함방눈, 함빵눈
충북 함방눈, 함빵눈
경북 함방눈, 함빵눈, 함팡눈, 영감눈
경남 함방눈, 함빵눈
전북 함방눈, 함빵눈
전남 솜:눈, 큰눈, 굴군눈, 더이눈
제주 험벙눈

한국정신문화연구원에서 발간한 각 도별 방언 자료집을 살펴보니, 표준어 '함박눈'에 대한 조사 항목이 빠져 있다. 우리가 흔히 사용하는 단어이건만, 이러한 기초어휘에 대해 조사를 하지 않아 많은 아쉬움이 남는다. 제시된 분화형을 보면 함박눈계 어형(함방눈, 함빵눈, 함팡눈, 험벙눈)이 가장 많고 그 외에 솜:눈, 큰눈, 송이눈, 덩이눈(>더이눈), 영감눈, 굴군눈 등으로 나타난다.

함박눈과 관련된 속담으로는 다음과 같은 것들이 있다.

- 눈 먹은 토끼 다르고 얼음 먹은 토끼 다르다.(사람도 그 환경에 따라서 그 사상이나 재능도 다르게 된다는 뜻)
- 눈 많이 오는 해 풍년 들고 비 많이 오는 해 흉년 든다.(눈 많이 오는 해는 보리 풍년이 들지만 장마가 심한 해는 흉년이 든다는 말)

우리가 어릴 때 즐겨 부른 동요 '펄펄 눈이 옵니다. 바람 타고 눈이 옵니다. 하늘나라 선녀님들이 송이송이 하얀 솜을 자꾸자꾸 뿌려 줍니다.'는 분명 함박눈을 노래한 것이다.

해바라기

이글거리는 태양을 닮은 해바라기(向日花)는 국화과의 일년초
인데 아침에는 동쪽으로, 저녁에는 서쪽으로 목운동을 한다. 그
런데 이 목운동은 꼭 햇빛이 비치는 방향을 따라 진행되므로
해를 항상 바라보는 꽃이라 하여 해바라기라고 한다.

줄기 높이는 2m가량이며 전체적으로 굳은 털이 있다, 잎은
자루가 넓은 달걀 모양이다. 노란색의 꽃이 피며, 꽃이 진 뒤
가을철에는 검게 익은 수과(瘦果)로 되고, 모여서 둥근 벌집꼴로
된다. 열매인 수과(瘦果)는 거꿀달걀꼴이나 원형(亞成形)에 가깝고
흰색이나 회색 바탕에 검은 줄이 있다.

종자는 30% 정도의 기름을 함유하고 있어 식용유의 원료로
쓰며 종자 자체를 식용으로 하기도 한다. 잎과 기름을 짠 찌꺼
기는 사료로 쓰고, 줄기 속은 이뇨·진해·지혈에 약재로 쓰며,

줄기는 제지(製紙)에 이용한다.

해바라기의 고어는 '히ᄇ라기[1]'인데, 뒷날 '히ᄇ라기>해바라기'로 변했다. 어원은 명사 어근 '해(日)'+동사 어근 '바라-(望)'+명사형 접미사 '기'로 이루어졌으며, 단어 구성상으로 볼 때 파생어이다.

표준어 해바라기의 전국적인 방언 분화형을 제시해 본다.

함북 해자부리, 해재부리, 해개부리
함남 해자바래기, 해자부래기, 해즈래배기
평북 해가우리, 해가우랭이
평남 해가우리, 해가오리, 해개우리, 해구와리, 해구랭이
황해 해가우리, 해갸우리, 해개우리
강원 자우래기, 해자우리, 해자와리, 해자바리, 해바래기
경기 해바라기, 해바래기, 해바래기꽃
충남 해바라기, 해바래기
충북 해바라기, 해라배기
경북 헤바라기, 헤바레기
경남 해바래기, 해바리꽃
전북 해바라기, 해바래기, 해배래기
전남 해바라지, 해바래기, 해보라기

---

1) 물보(1802년) 화훼.

제주 헤바레기

이상의 분화형을 북부 방언의 해자바라기계 어형(해자바래기, 해자부래기, 해즈래배기, 해자우래기, 해자바리, 해자우리, 해자와리, 해자부리, 해재부리, 해개부리, 해가우리, 해가우랭이, 해갸우리, 해개우리, 해가오리, 해구와리, 해구랭이)과 남부 방언의 해바라기(꽃)계 어형(해바라기, 해바래기(꽃), 해배래기, 헤바레기, 해바리꽃)으로 크게 나눌 수 있다.

전자는 해를 자주 바라보는 꽃이라는 뜻이고, 후자는 해를 바라보는 꽃이라는 것이다. 특히 평남 방언에 나타나는 해구랭이형은 '해구와리+해가우랭이'의 혼효형으로 보인다.

해바라기와 관련된 속담으로는 '해바라기 해 따라 보듯 한다.(아무 말도 없이 지켜보고만 있다는 뜻)'가 유일하다.

허수아비

표준어 '허수아비(偶)'의 고어는 '허슈아비'[1]로 나오는 것으로 보아 이 단어의 생성 연대는 그리 오래되지는 않았다.

이 단어의 어원에 대해서는 몇 가지 설이 있으나, 그중 허수하다(짜이지 않아 든든하지 못하다)의 어근 '허슈(어근)'와 어근 '아비(어근으로 남자의 뜻)'의 결합된 합성어로, 그 의미는 '헐렁한 옷을 입고 있는 남자 형상의 가설물'이라는 설이 설득력이 있다.[2]

허수아비의 뜻으로 쓰인 고어로는 '정어이[3]', '정아비[4]', '정

1) 한영자전(1897년) 136쪽.
2) 조항범(1997), 『다시 쓴 우리말 어원이야기』, 186쪽 참고.
3) 청구영언(1728년) 육당본 제830수. <박을수(1992), 『한국시조대전 上』, 442쪽 참고.>
4) 광재물보(19세기 초 필사 추성) 제2권 9쪽. <박재연 외(2010), 『필사본 고어대사전』 제6권 210쪽 참고.>

의아비5)', '정회아비6)(庭虛子, 정원에 서 있는 허수아비)'가 있다.
표준어 허수아비의 전국적인 방언 분화형은 아래와 같다.

함북 허재비
함남 허재비, 허수애비
평북 허재비, 허두재비
평남 허재비, 허두재비
황해 허재비, 허식개비, 허수애비
강원 허수애비, 허재비, 허애비, 허개비, 허깨비
경기 정애비, 종애비, 허재비
충남 허수애비, 허숭애비, 허성애비, 허새비
충북 허수애비, 허깨비, 허제비
경북 허제비, 허세비, 허수에비
경남 허재비
전북 허새비
전남 허새비
제주 허제비

5) 한청문감(1779년) 제10권 9쪽, 농가월령가(1876년), 66쪽.
6) 농가월속, 남광우(1977),『고어사전』, 427쪽 참고. 그러나 유창돈(1974),『이조어사
   전』660쪽에는 '정화아비(농가월속)'로 실려 있다. 한편 '농가월속'이라는 책명이
   인터넷으로 검색되지 않으므로 좀 더 세심한 고찰이 요구된다.

제시된 분화형을 정리해 보면 허새비계 어형(허새비, 허세비, 허재비, 허제비, 허애비), 허수아비계 어형(허수아비, 허수애비, 허수에비, 허숭애비, 허성애비), 정애비계 어형(정애비, 종애비), 허개비계 어형(허개비, 허깨비)으로 분류할 수 있다.

허새비계 어형은 접두사 '헛'과 어근 '애비'의 결합으로, 허수아비계 어형은 어근 '허수'와 어근 '아비'의 결합으로, 정애비계 어형은 어근 '정'과 어근 '애비'의 결합으로, 허개비계 어형은 접두사 '헛'과 어근 '개비'로 이루어졌음을 알 수 있다.

허수아비와 관련된 속담으로는 다음과 같은 것들이 있다.

- 허수아비에게 말하듯 한다.(이해심이 전혀 없는 상대에게 설명하는 일)
- 허수아비에도 옷(누구라도 꾸미기 나름이라는 뜻)
- 허수아비도 제 구실을 한다.(아무리 보잘것없는 사물이나 사람도 다 쓸모가 있음.)

다음은 청구영언에 있는 작자 미상의 고시조인데, 여기에서 허수아비는 '정어이'로 나타난다. 이는 정애비계 어형과 동일한 어원을 가진 것으로 보인다.

밑남진 그놈 자총(紫驄)벙거지 쓴 놈 소대(書房) 서방 그놈은 삿
벙거지 쓴 놈 그놈
밑남진 그놈 자총 벙거지 쓴 놈은 다 빈 논에 정어이로되
밤중만 삿벙거지 쓴 놈 보면 샐별 본 듯 하여라

● 자줏빛 말총으로 만든 벙거지를 쓴 본남편과 삿벙거지를 쓴 샛서방/ 자줏빛 말
총으로 만든 벙거지를 쓴 본남편은 빈 논에 허수아비로되/ 밤중에 삿갓 벙거지
쓴 샛서방을 보면 샛별 본 듯 반가워라

헤엄

숨통이 턱턱 막히는 불볕더위가 기승을 불리면 싱그러운 파
도가 넘실거리는 바다나 맑은 물 유유히 흐르는 강이 우리에게
유혹의 손짓을 보낸다. 헤엄(水泳)의 사전적 의미는 물에서 팔다
리를 놀려 떠다니는 짓이다.

이 단어의 고어는 '헤욤'[1]으로 나타난다. '헤욤>헤옴[2]>헤
움[3]>헤염[4]>헤엄'의 변화 과정을 거쳐 오늘날의 모습으로 이
루어졌다.

이것에 대한 어원 분석은 동사 어간 '헤-(泳)'+선어말어미
'오'+명사형 어미 'ㅁ'으로 이루어졌는데, 단어 구성상으로 볼

---

1) 훈몽자회(1527년) 중권 2쪽.
2) 역어유해(1690년) 하권 22쪽.
3) 소아론(1703년) 10쪽.
4) 물명유고(1824년) 제5권 수.

때 파생어에 속한다.

표준어 헤엄에 대한 전국적인 방언 분화형을 제시해 본다.

함북 헴:
함남 헴:, 헤엠, 혐
평북 헴:, 헴
평남 헴:, 헴
황해 헴:, 혐, 셤
강원 헤엠, 헴:, 히염, 시엄, 세염
경기 히엄, 시엄
충남 헤엄, 수염, 후염, 수영
충북 헤엄, 헤염, 시엄
경북 헤엄, 히염, 헴, 시엄
경남 헤엄, 헤험, 헤얌, 히엄, 히염
전북 헤엄, 시엄, 시험, 수영
전남 헤엄, 히염, 시엄
제주 힘, 헤염, 히염

제시된 분화형을 통하여 헤엄계 어형(헤엄, 헤엠, 헤염, 헤험, 히
엄, 혐, 히염, 헤얌, 헴(:), 힘), 세엄계 어형(구개음화 현상이 활발하게
일어나서 그 결과 어두의 ㅎ이 ㅅ으로 단일화 됨 : 시엄, 시험, 셤, 세염)

으로 크게 분류할 수 있다. 이 밖에 일부 지역인 충남과 전북 지역에만 한정하여 나타나는 한자어인 수영계 어형(수영)이 있다. 특히 충남 지역의 수염·후염 어형은 헤엄과 수영의 혼효형으로 해석된다.

헤엄과 관련된 속담으로는 다음과 같은 것들이 있다.

- 헤엄 잘 치는 놈 물에 **빠져** 죽고, 나무에 잘 오르는 놈 나무에서 떨어져 죽는다.(아무리 기술이나 재주가 좋아도 한 번 실수는 있음.)
- 양반은 물에 **빠져도** 개헤엄은 안 한다.(지조와 기개가 있는 이는 죽을지언정 비굴한 모습을 보이지 않음.)
- 땅 짚고 헤엄치기(매우 쉽다는 말)

호박

못생긴 여자를 비유할 때 호박 같다고 한다. '호박꽃도 꽃인 가?'라는 관용어가 있듯이, 호박꽃은 별로 볼품이 없다. 여자는 꽃에 비유되니, 볼품없는 호박꽃은 결국 별 볼 일 없는 못생긴 여자라는 뜻이 된다.

외모와는 달리 호박을 이용한 요리는 실로 다양하다. 호박과 열무를 주재료로 하여 담그는 호박김치, 호박에 소를 넣어 익힌 찜인 호박선(膳), 호박 오가리를 넣어 만든 시루떡인 호박떡, 호박죽, 호박김치로 끓인 찌개인 호박지찌개, 늙은 호박과 잡곡을 넣고 끓인 죽인 호박풀대죽, 애호박전, 청둥호박과 찹쌀가루를 버무려 죽같이 쑨 음식인 호박범벅, 애호박 오가리를 물에 불려 나물로 쓰는 호박고지, 낟알을 까서 먹는 호박씨, 호박잎이나 줄기를 쪄서 먹는 호박쌈 등이 있다.

호박(南瓜)은 박과의 한해살이 덩굴풀인 호박의 열매로 원산지는 페루의 안데스산록이다. 우리나라에는 임진왜란 이후에 중국에서 들어왔는데, 처음에는 사찰에서 승려들이 많이 심어 먹었으므로 승소(僧蔬)라 부르기도 하였다.

호박의 고어는 요즈음 어휘와 동일한 '호박'[1]으로 나타난다. 그 어원은 명사 어근 '호(胡)'와 명사 어근 '박(瓠)'이 결합된 것으로, 단어 구성상으로 볼 때 합성어에 해당한다.

표준어 호박의 전국적인 분화형을 제시해 본다.

함북 도왜, 도애, 동애, 호:박
함남 갈매지, 고매기, 호:박
평북 갈매지, 골매지, 호:박
평남 만박호, 호:박
황해 꼳매지, 호:박
강원 호:박, 호박, 곧매지
경기 호:박
충남 호:박, 호박
충북 호:박, 호박
경북 호:박, 호박
경남 호:박, 호박

---

1) 역어유해보(1775년) 42쪽.

전북 호:박

전남 호:박

제주 동지, 호:박동, 재기, 호박

이상의 분화형을 호(:)박계 어형(호:박, 호박), 동외계 어형(동애, 도왜, 도애), 갈매지계 어형(갈매지), 골매지계 어형(골매지, 곤매지, 꼰매지, 고매기)으로 분류할 수 있다.

관련 속담으로는 다음과 같은 것들이 있다.

- 호박에 침주기다.(매우 하기 쉬운 일, 혹은 잘되어 가는 일을 못 되게 방해함.)
- 호박꽃을 꽃이라니까 오는 나비 괄세한다.(못난 여자에게 구애를 하였다가 거절을 당함.)
- 호박이 넝쿨째로 굴러떨어졌다.(뜻밖에 좋은 일이 생김.)
- 호박 나물에 힘쓴다.(가벼운 것도 못 든다는 뜻)

홀어미

  어버이날에는 누구나 부모님 생각이 간절하겠지만 홀어머니나 홀아버지를 둔 자녀라면 그 고마움과 그리움이 더욱 각별할 것 같다.

  남편을 잃고 혼자 사는 여자라는 뜻의 표준어 '홀어미(寡婦)'의 고어는 'ᄒᆞ올어미1) > 홀어미2) > 호을어미3) > 홀어미'로 나타난다. 어원을 분석해 보면 접두사 '홀(< ᄒᆞ올 < ᄒᆞᄫᆞᆯ)'과 명사 '어미'가 결합된 것으로 단어 구성상으로 볼 때 파생어이다.

  표준어 홀어미의 전국적인 방언 분화형은 아래와 같다.

---

1) 두시언해 초간본(1481년) 제15권 22쪽.
2) 번역소학(1517년) 제7권 34쪽.
3) 훈몽자회(1527년) 상권 33쪽.

함북 하부레미, 호부레미, 호브레미, 호레미, 가:비, 과:비
함남 호부레미, 하부레미, 호브레미, 호레미, 과:비
평북 호레미
평남 호레미
황해 호레미, 호로마이
강원 호레미, 과부, 과택
경기 호레미, 호러머이, 과부, 과수, 과택
충북 호레미, 호리미, 호러미, 호로머니
충남 호레미, 과부, 과수 과땍
경북 가(:)부, 가보, 가택(이), 과부, 호부레미, 호부리미, 호레미,
　　　호리미, 호부러미
경남 가:부, 과부, 가보, 호부레미, 호부리미, 호레미, 호러매
전북 호럼씨, 호레미, 호러마니, 호러머니, 호러미, 가부, 과부,
　　　과택
전남 호럼씨, 호레미, 호러마니, 호로미, 호러매, 과부, 과부떡,
　　　과수, 과택
제주 호러멍, 호레미

　이상의 분화형을 통하여 하부레미계 어형(하부레미), 호부레미
계 어형(호부레미, 호부리미, 호브레미), 호레미계 어형(호레미, 호리
미), 호러미계 어형(호러미), 호로마니계 어형(호로마니, 호로마이),
호로머니계 어형(호로머니), 호러마니계 어형(호러마니, 호러매), 호

238

러머니계 어형(호러머이), 호러멍계 어형(호러멍), 호럼씨계 어형(호럼씨), 과:부계 어형(과부, 과:비, 가(:)부, 가:비, 가보), 과수계 어형(과수), 과택계 어형(과택, 가택(이)), 과땍계 어형(과땍), 과부땍계 어형(과부떡)으로 분류할 수 있다.

제시된 어형을 분석해 보면 '하불+어미, 호불+어미, 홀+에미, 홀+어미, 홀+오마니, 홀+오머니, 홀+어마니, 홀+어머니, 홀+어멍, 홀+엄씨'로 분석되는 고유형 어휘와, '과+부, 과+수, 과+택, 과+땍'으로 분석되는 한자어로 크게 나누어진다.

관련된 속담으로는 다음과 같은 것들이 있다.

- 홀어미 사는 집도 팔아먹겠다.(고생을 많이 한 홀어머니에게 불효 짓을 함.)
- 홀어미 아이 낳듯 한다.(과부가 아이를 낳듯이 몹시 부끄러운 일을 당했다는 뜻)
- 과부는 은이 서 말이고 홀아비는 이가 서 말이다.(과부는 알뜰하게 살며 돈도 모으는데 홀아비는 생활이 곤궁하다는 말)

화로

동방예의지국이라고 불리는 우리나라의 이혼율이 47%로 세계 3위를 기록하고 있다고 대중매체에서 알려 준다. 우리 민족은 금방 달았다가 빨리 식어지는 냄비 같은 성질을 가진 민족인가? 속살에 파고드는 한파보다도 더 춥게 느껴지는 것이 이혼으로 인한 냉기다.

불과 수십 년 전만 해도 온돌방에서 오순도순 정답게 살아가던 우리네 삶의 모습이, 이제는 여성의 지위 향상·자기중심적인 가치관의 확산·남녀의 가치관 차이 때문에 하나둘 처절하게 무너지고 있다. 지난날 사랑방의 화롯불 곁에 앉아 할아버지·할머니의 구수한 옛날이야기를 듣던 그 시절이 그리워진다.

표준어 '화로(火爐)'의 고어는 '화로'[1]로 나타나고 그것의 전국적인 방언 분화형은 아래와 같다.

함북 화리, 하리똥, 할똥이
함남 화루똥, 활똥이, 하루똥이
평북 화리
평남 화(:)레
황해 화레, 화리, 화루
강원 화리, 하(:)리, 하(:)로
경기 화리, 화(:)루
충남 화(:)루, 화(:)로
충북 화(:)로, 화루
경북 화(:)리, 화(:)로, 화(:)루
경남 하(:)리, 하(:)로, 하(:)루, 하덕
전북 화(:)리, 화(:)루, 화(:)로
전남 화(:)리, 화(:)로, 화(:)루
제주 화(:)리

제시된 분화형을 화로동(이)계 어형(하리똥, 할똥이, 화루동, 활똥이, 하루똥이), 화덕계 어형(하덕), 화로계 어형(화:로 / 화로 / 하로, 화:루 / 화루 / 하루, 화:리 / 화리 / 하리)으로 분류할 수 있다.

---

1) 남명집언해(1482년) 하권 69쪽.

화로와 관련된 속담으로는 다음과 같은 것들이 있다.

- 화롯가에 어린아이 둔 것 같다.(불안하다는 말)
- 화롯가에 엿을 붙여 놓았나?(손님이 왔다가 바로 갈 때 하는 말)
- 화로 들고 쇠불알 떨어지기만 기다린다.(힘들여 일은 하지 않고 요행만 기다린다는 뜻)
- 화로 불 쬐던 사람은 요강만 봐도 쬔다.(버릇은 한번 들면 고치기가 매우 어렵다는 말)

가화만사성(家和萬事成)이라는 말이 있지 않은가? 화롯불과 같은 훈훈한 가정만이 험난한 세파를 이길 수 있다. 서로 잘 났다고 부부가 티격태격하는 가정은 하나씩 흩어지는 숯덩이처럼 오래지 않아 싸늘하게 식어갈 것이다.

확

문명의 이기로 인하여 사람들은 늘 편리함을 추구한다. 편리함 때문에 잃어버린 것이 있다면 다름 아닌 은은한 정감일 것이다. 정감 어린 추억은 세월의 깊이만큼 점점 진한 향수로 다가온다. 한 예로 필자의 어린 시절에는 집안 어른들이 고추를 빻을 때 돌로 만들어진 절구를 이용하는 모습을 많이 보았다. 지금은 골동품 수집 가게에나 가야 돌절구를 볼 수 있다.

표준어 '확(臼)'은 방앗공이로 찧을 수 있게 돌절구 모양으로 우묵하게 판 돌을 뜻한다. 『우리말 어원사전』(김민수 외, 1997, 1200쪽)에 따르면 '확'의 어원은 명사 어근 '흑(畢)'+명사 어근 '박(瓠)'이고, 이 단어의 변화 과정은 '흑+박〉흑밝*〉흑왁1)〉

---

1) 월인석보 중간본(1568년) 제23권 78쪽.

호왁2)＞확3)'으로 나타난다. 단어 구성상으로 볼 때 합성어에 해당한다.

이와 같은 분석에 대해서 완전히 동의할 수는 없지만, 현재로서는 그런대로 가장 앞서 나가는 분석이기에 여기서는 일단 이를 인용하였다.

함북 호박, 호배기
함남 호박, 호배기, 확
평북 확
평남 확
황해 확
강원 확, 호박, 방아확, 절구
경기 확, 방아확, 돌절구, 방아절구
충남 확, 학독, 도구(통)
충북 확, 방애확, 절구통
경북 호박
경남 호박, 도구통, 호박돌
전북 확, 학독, 도구통
전남 확(:), 확(:)독, 학(:)돌
제주 혹, 호겡이

---

2) 훈몽자회 중간본(1613년) 제6권 2쪽.
3) 역어유해(1690년) 하권 16쪽.

제시된 방언형을 호박계 어형(호박, 호배기), 확(ː)계 어형(확(ː), 확, 방아확, 방애확), 혹계 어형(혹, 호겡이), 절구계 어형(절구, 절구통, 돌절구, 방아절구), 도구통계 어형(도구통, 도구(통)), 확(ː)독계 어형(확(ː)독, 학독), 호박돌계 어형(호박돌), 확(ː)돌계 어형(학(ː)돌)으로 분류할 수 있다.

우선 크게 보면 백두대간 동쪽으로는 호박계 어형이, 그 서쪽으로는 확(ː)계 어형이 나타나 좋은 대조를 보인다.

과거 우리 선조들은 절구질을 많이 했기에 확에 대한 방언 분화형이 많다. 그러나 관련 고시조나 속담이 눈에 잘 띄지 않는다. 절구질이 성행위를 연상시킨다고 해서, 점잖은 유학자들이 절구질하는 모습을 보는 것조차 꺼렸다. 그런 까닭으로 고시조에서는 확을 소재로 한 작품이 전혀 나타나지 않았다.

관련 속담으로는 '확 깊은 집에 주둥이 긴 개가 들어온다.(모든 일이 다 조화가 잘 맞는다는 뜻)', '돌절구도 밑 빠질 때가 있다.(아무리 튼튼한 것이라도 오래 쓰면 결딴나는 날이 있다는 말)'가 반갑게 보인다.

참고문헌

김민수 외(1997), 『우리말 어원사전』, 태학사.

김병제(1980), 『방언사전』, 과학, 백과사전출판사.

김성배(1973), 『한국 수수께끼 사전』, 집문당.

김영배(1997), 『자료편 평안방언연구』, 태학사.

김이협(1979), 『평북방언사전』, 한국정신문화연구원.

김태균(1986), 『함북방언사전』, 경기대학교 출판국.

김형규(1982), 『한국방언연구』, 서울대학교출판부.

김흥규 외(2012), 『고시조 대전』, 고려대학교 민족문화연구원.

남광우(1977), 『고어사전』, 일조각.

동의학사전편찬위원회(1989), 『동의학사전』, 여강출판사.

리윤규 외(1992), 『조선어방언사전』, 연변인민출판사.

박용후(1988), 『제주방언연구 (자료편)』, 고려대학교 민족문화연구소.

박을수(1992), 『한국시조대사전』, 아세아문화사.

박재연 외(2010), 『필사본 고어대사전』, 학고방.

서울대학교 국어국문학과 국어학연구실(1996), 『방언자료집』(미간행 자료집).

서정범(2000), 『국어어원사전』, 보고사.

서정수 외(1998), 『세계속담대사전』, 한양대학교 출판부.

小倉進平(1944), 『조선어 방언의 연구 (상)』, (1973, 아세아문화사).

송방송(2012), 『한겨레음악대사전』, 보고사.

송재선(1985), 『우리말 속담큰사전』, 서문당.

송재선(1995), 『농어속담사전』, 동문선.

송재선(1997), 『동물속담사전』, 동문선.

순화조선어 연구부(1937), 『방언집』, (1995, 모산학술연구소).

신경숙 외(2012), 『고시조 문헌 해제』, 고려대학교 민족문화연구원.

신승원(2000), 『의성지역어의 음운론적 분화연구』, 홍익출판사.

신승원(2004a), "방언에 녹아 있는 우리말의 운치(1)~(4)", 『문학저널』, 문학저널.

신승원(2004b), 『의성지역어의 시리방언학적 고찰』, 의성군.

신승원(2004c), "방언에서 돋보이는 새콤달콤한 우리말", 『고서연구 22호』, 한국고서연구회.

신승원(2013), 『사랑하며 깨달으며 행복하며』, 한솔사.
심재완(1972), 『교본역대시조전서』, 세종문화사.
심재완(1984), 『정본 시조대전』, 일조각.
안옥규(1994), 『우리말의 뿌리』, 학민사.
안옥규(1996), 『어원사전』, 한국문화사.
유창돈(1974), 『이조어사전』, 연세대학교 출판부.
이기문(1980), 『개정판 속담사전』, 일조각.
이기문(2008), 『동아 새국어사전(제5판), 두산동아.
이희승(1978), 『국어대사전』, 민중서관.
임기중(2005), 『한국가사문학주해연구』, 아세아문화사.
정병욱(1966), 『시조문학사전』, 신구문화사.
정태륭(1997), 『한국의 욕설백과』, 한국문원.
조항범(1997), 『다시 쓴 우리말 어원이야기』, 한국문원.
진용선(2003), 『정선아리랑 가사집』, 정선군.
최창렬, 『어원사전』(미간행 자료집).
최창렬(1986), 『우리말 어원연구』, 일지사.
최학근(1989), 『증보 한국방언학사전』, 명문당.
편집부 편(1991), 『한국민족문화대백과』, 웅진출판사.
河野六郎(1945), 『조선방언학시고 - 협어고』, (1985, 아세아문화사).
한국문화상징사전편찬위원회(1992), 『한국문화상징사』, 동아출판사.
한국문화상징사전편찬위원회(1995), 『한국문화상징사전(2)』, 동아출판사.
한국정신문화연구원(1987), 『한국방언자료집』 Ⅲ(충청북도편).
한국정신문화연구원(1987), 『한국방언자료집』 Ⅴ(전라북도편).
한국정신문화연구원(1989), 『한국방언자료집』 Ⅶ(경상북도편).
한국정신문화연구원(1990), 『한국방언자료집』 Ⅱ(강원도편).
한국정신문화연구원(1990), 『한국방언자료집』 Ⅳ(충청남도편).
한국정신문화연구원(1991), 『한국방언자료집』 Ⅵ(전라남도편).
한국정신문화연구원(1993), 『한국방언자료집』 Ⅷ(경상남도편).
한국정신문화연구원(1995), 『한국방언자료집』 Ⅰ(경기도편).
한국정신문화연구원(1995), 『한국방언자료집』 Ⅸ(제주도편).
홍윤표 외(1996), 『17세기 국어사전』, 한국정신문화연구원.
JAMES S. GALE(1897), 『한영자전』, (1997, 국학자료원).

찾아보기(표준어-방언)

순중 강원
숭감 함남, 함북
시렝이 함북
윤감 함남
행불 함북

개구리 • 17
가개비 제주
갈개비 제주
개고리 강원, 경기, 황해
개골태기 전남
개구락지 전남, 함남, 함북, 황해
개구리 경남, 충북
깨고락지 경북, 전남, 충남, 충북
깨고래기 전북, 충남
깨고리 경기, 경남, 경북, 전북
깨구락지 전북, 충남, 충북
깨구래기 경기
깨구래이 경북
깨구리 강원, 경기, 경남, 경북, 전북, 충남, 충북
깨오락지 전남
머구락지 함북
머구리 함남
먹자구 황해
먹재기 함남
먹저구리 강원
메구락지 함북
메그락지 함남
멕자구 평남, 평북
멕장구 평남, 평북
멜구락지 함북

먹자구 강원, 평남
먹자기 평남
먹장구 평북, 황해
먹장기 평북

거울 • 20
거울 강원, 경기, 경남, 전북, 제주, 충남, 충북
게울 평남, 평북, 함북, 황해
겨울 전남
멘겡 경남
멘경 제주
민경 경남
민경 전남, 전북, 충남, 충북
밍경 경북
밍경 강원, 경북, 충북
새깡 평남, 평북
세경 평남, 평북, 함북, 황해
세경 강원, 평남, 황해
섹경 전북
섹겡 강원, 경남, 전남
섹경 경기, 경북, 제주, 충남, 충북, 평북, 함남, 함북, 황해
쇠겡 평북, 함북
쇡경 경기, 충남
쉑경 경기
식경 경북
식겡 충북
체겡 경남
치경 경북, 전남, 전북

애옹구 경남

고추 • 29
고초 제주
고추 경기, 제주, 충남, 함북, 황해
고치 강원, 경남, 경북, 전남, 전북, 제주, 충남, 충
　북, 함남, 함북
꼬추 경남, 경북, 전남, 전북, 충남, 충북, 평북
꼬치 경남, 경북, 전남, 전북, 충북
꽁치 경북
당가지 평남
당개지 함북
당초 강원
당추 경기, 평남, 황해
당취 함남
당치 함북
댕가지 강원, 평남, 평북, 함남
댕개지 함남
댕거지 함남
댕추 평남, 평북
후추 평남

곰팡이 • 32
곰사구 경북
곰생이 제주
곰세기 경남, 경북
곰셍이 제주
곰지 강원, 함남
곰치 함남
곰탕이 함남
곰태: 함북

곰태기 함남, 함북
곰탱이 강원, 평남, 평북, 황해
곰파이 강원, 경남, 경북, 전북, 충남, 충북
곰팡이 평북
곰패: 강원, 함남, 함북
곰패이 강원, 경남, 경북, 전남, 전북, 충남, 충북,
　평남, 황해

굼벵이 • 35
구두리 경남
굼배이 경남, 전남
굼뱅이 전남
굼버이 제주
굼버지 함남
굼벙이 전남, 평북
굼베이 강원, 경기, 경북, 전북, 제주, 충남, 충북,
　평남, 평북, 황해
굼배(이) 함남, 함북
굼베: 황해
굼베지 평남, 함남, 함북
굼벵이 강원, 경기, 경북, 전북, 제주, 충남, 충북,
　황해
굼봉이 경기
굼부리 경남
굼붕이 평남, 평북
굼뻉이 경기
굼비이 경남
굼빙이 강원, 경북, 전북, 충남, 충북
금베지 함북
금빙이 충북

252

귀뚜라미 • 38

공제이 제주
공주이 제주
공중이 제주
구뚜라미 경기
귀따라미 강원, 경북
귀때래미 충남
귀또래미 전북
귀뚜래미 경기, 충북, 황해
귀뚜러미 충남
귀뚜리 충남, 충북, 평북, 함남, 함북
귀뚤기 평북
귀뜨래미 강원, 전남, 충남, 충북, 함남
귀뜨리 평남
기또래미 강원, 경남
기뚜리 전남
기뜨라미 전남
꼴도래미 경남
꾸뚜라미 평남, 평북
뀌따라미 경북
뀌뚜래미 전남, 전북
끼따래미 경북
끼뚜래미 함북
끼뜨라미 경남
설싼 함남, 함북
씨씨리 함남
씩새리 평남, 평북
질지리 경남

기러기 • 42

게레기 평남

그레기 전남, 제주, 함남, 함북
기러기 경북, 전남, 전북, 충북
기럭 함북
기레기 강원, 경기, 경북, 전남, 전북, 제주, 충남,
　　　충북, 평남, 평북, 함남, 함북, 황해
기려기 전남
기리기 경북, 충남
끼러기 경남, 평북
끼레기 평북
지러기 충북, 함남
지레기 강원, 충남, 함남

기지개 • 46

게지개 경기
기제기 경기
기:지개 평남, 평북
기지개 강원, 충북
기지게 경북, 충남
기지기 경기, 황해
디지깨 경남
재치기 전북
제제기 경남
제지개 경남
지개기 전남
지꼬대 경북
지드개 전남
지드기 경남
지저리 전북
지제기 강원, 전남
지지개 강원, 경기, 경남, 전남, 선북, 충북, 함남,
　　　함북, 황해

지지게 강원, 경북, 제주, 충남
지지기 경남, 경북, 전남, 전북
지지깨 경기
지지레기 경남
지직 경남
질 제주
쭉찌개 전남
쭉찌기 경남, 전남
쭉찌깨 경남
찌지게 경남

김치 • 49

금치 경기
김끼 제주
김치 강원, 경기, 경남, 경북, 함북, 황해
김티 함북
남물 함남, 함북
동기기 충남, 충북
동기미 충북
동치미 충남
물짐치 충북
지 경남, 경북, 전남, 전북
짐끼 제주
짐채 전남, 전북
짐치 강원, 경기, 경남, 경북, 전남, 전북, 제주, 충
   남, 평북, 함남, 함북
징끼 제주
짠디 평남, 평북
짠지 강원, 경기, 경북, 전북, 충남, 충북, 황해
짼디 평남
짼지 황해

꽃봉오리 • 53

(꼳)봉알 평남
(꼳)봉오리 제주
(꼳)봉오지 제주
꼳마우라지 황해
꼳마우리 강원, 충남, 평북, 함남
꼳마울 평남, 함남
꼳망우라지 강원
꼳망우리 강원, 충남, 함남, 황해
꼳망울 경기
꼳매주미 경북
꼳매징이 경북
꼳맹아리 경북, 충남
꼳모아리 경남
꼳몽아리 경남
꼳몽오리 경북
꼳몽우리 경기, 충남
꼳바우지 평북
꼳바울 함남, 황해
꼳방우리 강원
꼳방울 강원, 경기, 평북
꼳버:리 전북
꼳벙어리 전남, 전북
꼳보:리 경남, 충남
꼳보동이 함북
꼳보딜기 함북
꼳보디 함북
꼳보무라지 함남
꼳보무래기 함남
꼳보아리 평북
꼳보오리 평남, 함남

넙쭉다리 충북
북다리 평남
쉰다리 함북
신넙찌 경북
신다리 강원, 경북, 함남, 함북, 황해
심너덕다리 함남
허벅다리 경기, 전남, 전북, 제주, 충남
허벅지 경기, 경남, 전남, 전북, 충남
허북다리 경남
허북지 경남
허북찌 경북
힌다리 강원

노을 • 62
나구리 경북
나부리 강원, 경북
나불 강원
나오리 경북
노:리 평남, 평북, 함남
노불 함남
노오리 충북
노올 전남
노울 전남
놀 전남
놀: 강원, 경기, 충남, 충북, 평남, 함북, 황해
농오리 충북
누:리 강원, 함남
누부리 함남, 함북
느부리 함남, 함북
느불 함북
북살 경남

북새 경남, 전남, 전북, 충남, 평남, 황해
불거지 황해
불세 경북
뿔구사리 경남
서걍 충남, 충북
세걍 전남, 전북, 충남
우내 경북
해지기 제주
황혼 제주

다람쥐 • 65
다라미 평남, 평북
다람쥐 경기, 경남
다람지 강원, 경북, 전남, 전북, 제주, 충남, 충북, 함북
다래미 강원, 전남, 전북, 함남, 함북, 황해
다럼지 전북
다룸쥐 경기
다름지 충남
대람쥐 황해
멧쥐 전남
볼제비 함남
볼조비 평북
새양지 경남
쌩(:)지 경북
쥐암매 함남
타래미 충북
타럼쥐 충북

달래 • 68
꿩마농 제주

256

꿩마능 제주
다래 전북, 충남
달갱이 경기
달랑개(이) 경남
달래 경기, 충남, 황해
달래이 강원, 전남
달래(이) 전북
달랭이 경남, 충북
달링 충북
달렁개 충북
달레 함남
달레이 경북
달롱 강원, 충북
달롱개 경남, 전남, 전북, 충남
달롱게 경북
달뢰 함남
달루 강원, 평북
달룩 강원
달룩개 경남, 전남, 전북
달룽개 경남, 전남
달른개 전남
달른겡이 경북
달리 충남, 평남, 평북, 함남, 함북
드를마농 제주
들마농 제주
세파 강원

대추 • 71
대조 평북
대조 강원, 제주, 평북, 함북
대추 강원, 경기, 경남, 경북, 전남, 전북, 제주, 충

남, 충북, 평남, 황해
대취 함남
대(:)치 평남
대치 함남, 함북
태초 함남

도라지 • 74
도라지 강원, 경기, 전북, 제주, 충남, 충북, 평남,
　　　평북, 함남, 함북
도랃 전남
도래 경남, 경북, 충북
도래지 충북
돌가지 강원, 경기, 경남, 경북, 전남, 전북, 충남,
　　　평남, 평북, 함남, 황해
돌간 전남, 전북
돌개 경남
돌게 경북

도리깨 • 77
도깨 제주
도께 제주
도로개 강원
도루깨 강원, 경남, 전남, 평남, 함남
도루께 경북
도루캐 충남
도르깨 경기, 경남, 함북
도리개 강원, 경남, 평북
도리개이 황해
도리깨 강원, 경기, 전남, 전북, 충북, 평북, 함북
도리깨이 황해
도리께 경북

도리채 전북, 함북
도리캐 충남, 충북
돌깨 함북

도토리 • 80
가둑밤 함북
가람토시 함북
굴밤 강원, 충북
꼬톨밤 함북
꿀밤 강원, 경남, 경북, 충북
데토리 경남, 전남
도쿠리 경기
도토리 강원, 경기, 경남, 경북, 전남, 전북, 충남,
  충북, 평남, 평북
도톨밤 함남, 함북
도투리 경기, 경북, 전남, 전북, 충남, 평남
도트리 충남
동고리 제주
썸밤 평북
츠남여름 제주
츠낭여름 제주

돌쩌귀 • 83
도절귀 제주
돌떠구 평북
돌또구 평남, 평북
돌또귀 평남
돌죄기 경기
돌짜구 경북
돌짜기 경북
돌쩌구 강원, 경남, 경북

돌쩌귀 경기
돌쩌기 충남
돌쩍 경남, 경북
돌조구 강원, 경남, 전남, 전북, 충북, 평남, 함북
돌쪼기 전남
돌쪽 전북, 함남, 함북
돌쬐기 경기
돌철귀 제주
문고리 강원, 충남, 충북
문고비 충남
문꼬리 전남, 전북
문베기 전북
문재비 전북
문지두리 경기
문쩌귀 함북
문쥐두리 황해
작구 강원, 충남, 충북
지도리 전남
지두리 경기, 충남, 충북
함마 강원, 충북

된장 • 86
날티장 경북
댄(:)장 전남
댄장 강원, 경남, 전북, 충북
덴(:)장 경북, 전남
덴장 경남, 전북, 충남, 충북
댄장 전북
덴장 제주
된장 경북, 충북
디장 경북, 충북

딘장 경남, 경북, 충북
띠장 경남, 경북
북장 함남
장: 강원, 경기, 전북, 평북
장(:) 전남, 충남
장 제주, 평남, 함남, 함북, 황해
재:장 평북
토실 평북
토장 평북, 황해
뛰장 경북
행새 함남
흑시리 평북, 함남
흑실 함남

두꺼비 • 89
두꺼비 충북, 함남
두께비 강원, 전남, 제주, 충남, 충북, 평남, 평북, 황해
두꾀비 황해
두꿰비 경기
두뀌비 경기
두체비 제주
두터비 함북
두테비 제주, 함북
뚜깨비 경남
뚜깨(:)비 전남
뚜꺼비 전북, 충남
뚜께비 강원, 경북, 전북, 평남, 평북, 함남
뚜꾸비 경남
뚜끼비 경북

두더지 • 92
늑다리 제주
두더기 강원
두데기 강원, 경기, 충남, 충북
두데기 평남, 평북
두도지 경기
두돼지 평남
두두지 함남, 함북
두뒈지 평남, 평북
두들기 충남
두디기 경북, 충남
두제기 강원, 전북, 충남, 충북
두지기 강원, 전남, 전북, 충북
뒤제기 전남
뒤지기 전남, 전북
디더디 평북
디디이 경남
디저구 경북
디저지 평북
디지기 경북, 전북
따뚜지 함남, 함북
뚜두지 함남
뚜뚜지 함남, 함북
뚜지기 경남
띠지기 경남, 경북
오로 제주
쥐더지 경기
쥐데기 전남
쥐도지 경기
쥐디기 충북
지다리 제주

지지기 경남

두부 • 95
두구 평북
두부 강원, 경기, 경북, 전남, 전북, 충남, 충북, 평남
두비 함남
두위 함북
둠비 제주
뒤비 강원, 평북, 함남, 황해
드부 강원, 경기, 경남, 함남
드비 함남, 함북
디비 함남, 함북
뚜부 경남, 전남, 전북, 충남
뜨부 경남, 전남, 전북
조(:)포 경남, 경북
조(:)푸 경남, 경북
조(:)피 경남, 경북
존푸 강원

매미 • 98
매:미 경남, 평남, 함남, 함북, 황해
매(:)미 강원, 경기, 전남, 전북, 충남, 충북
매라지 전남
매랭이 경남
매롱 경남
매링이 경남
매아미 전남, 충북, 평남, 평북, 황해
매(:)암 충남
매영이 강원
맴: 강원
매(:)미 충남

매:미 평북
메(:)미 전북
메:미 전남
메렝이 경북
메링이 경북
메영이 경북
미라지 전남
자리 제주
재: 제주
재열 제주
잴: 제주

멍석 • 101
건치 함남
더썩 전남
덕석 경남, 경북, 전남, 전북, 충남
덕셕 함북
덕시기 경남, 경북
덩석 제주
멍석 강원, 경기, 경북, 전북, 제주, 충남, 충북, 함북
멍세기 함북
멍섹 함북
멍시기 경북
몽석 평남, 평북, 황해
진멍석 강원
초석 제주, 함북
탕석 평북
턱서기 함남
턱석 함남
턱성 함남
턱세기 함남

복새 전남
북새 전남

무 • 114
남삐 제주
무 강원
무(ː) 경기, 충남, 충북, 평남, 평북
무꾸 강원, 경북, 충북, 함남
무끼 경북, 함남, 함북
무수 강원, 경남, 경북, 전남, 전북, 충남, 충북, 함
　남, 함북
무시 경남, 경북, 전남, 전북, 충남, 충북
무유 경기, 황해
무이 강원, 경기, 평남, 황해
뭉이 평북
미끼 함북
눕삐 제주
눕피 제주

무지개 • 117
무지개 강원, 경남, 전남, 전북, 충남, 충북, 평남,
　황해
무ː지개 강원, 전남
무지게 강원, 경남, 경북, 전남, 전북, 충남, 충북,
　평북, 함남, 함북
무ː지게 경북, 충북
무지기 경남, 경북, 전남, 전북
사아고지 제주
상고지 제주
항고지 제주
호양고지 제주

황고지 제주
황구지 제주

미꾸라지 • 120
돌중개 함북
매꾸락지 황해
메꾸라지 경북
미꼬라지 경남, 경북, 전남, 제주
미꼬랭이 경남
미꼬레기 제주
미꼬리 경북
미꾸라지 강원, 경기, 경북, 전북, 충남, 충북, 함북
미꾸락지 강원, 전남, 전북
미꾸람지 강원, 전북, 충남, 충북
미꾸랑지 전북
미꾸래이 경남
미꾸랭이 경남
미꾸레이 경북
미꾸리 강원, 경기, 전남, 충남, 충북
미끄라지 경기
미끄래기 황해
미끼랑지 평남
소처네 함남
쇠처네 함남
옹구락지 전남
용주래기 강원
웅구락지 전남
종개 함북
징구래기 평남
징구리 황해
징구막지 평북

배꼽 • 132

배곱 강원
배꼬마리 전남
배꼽 경기, 전북, 충남, 충북, 평남, 평북, 황해
배꾸녁 경남
배꾸녕 경남, 전남
배꾸멍 강원, 전남
배꾸무 경북
배꾸뭉 경남
배꾸미 경북
배꾸비 함남
배꾸영 경남, 경북
배꿈 경북, 평북
배꿉 강원, 경기, 전북, 평남, 평북, 함남, 함북, 황해
배또롱 제주
배똥 제주
배뽕 전남
배뿌기 함남, 함북
배뿍 강원, 함남, 함북, 황해
뵈또롱 제주
뵈똥 제주

번개 • 135

버내 전남
번개 강원, 경기, 경남, 전남, 전북, 충남, 충북
번개뿔 강원, 경기, 충북
번게 제주
번괴 제주
번덜게 경북
번두개 전남
번드개 전북

번들개 강원
번들게 경북
벙개 강원, 경기, 전남, 전북, 충남, 충북, 평남, 평북, 함남, 함북
벙:개 충북
벙개불 함남
벙게 경북, 전북
벙게불 경북
벙게뿔 경북
뻔개 충남
뻔괴 제주
뼁:개 충남
뼁개 전남
펀게 제주
펀께 제주

벼룩 • 138

곤두벌기 평남, 평북
곤둘벌기 평남
곤디벌기 평북, 함남
곤부벌기 평남, 평북
배래기 경남
배루기 경남
베레기 강원, 경기, 경북, 함남, 함북, 황해
베록 제주
베루기 경기, 경북, 충북, 함북, 황해
베루디 평남, 평북
베루지 강원, 함남, 황해
베룩 전남, 전북, 제주, 충북
베뤼기 경기
베륵 제주

베리기 강원, 함북
베리디 평북
벨구디 평남
벼루지 황해
비럭 전남
비루기 경남
비룩 전남, 전북
비리기 경북
비리지 강원
비에럭 전남
비에룩 전남
뻬루기 강원, 충북
뻬룩 충남
뻐룩 충남
페루지 함남

벽 • 142
담벽 평남
댐벽 평남
댐부락 황해
바람 평북, 황해
바람뚝 평북
바람벽 함남, 함북
바람뻑 강원, 평북
바람짝 강원
바름벽 함북
바름빡 강원, 충남
바름뻑 강원
바름팍 강원
베람빡 전남, 전북
베랑빡 전남

베러빡 경북
베럼빡 경북
베루빡 경북
베룸빡 전북
베륵바닥 경남
베름빡 경기, 충남
베름짝 충북
벡 경남, 제주, 충북
벡짝 전남
벡브름 제주
벽 경기, 충남, 충북
보롬벽 함북
보름벽 함북
비람빡 전남, 전북
비리빡 경북
빅 경남
축 제주
축브름 제주

부뚜막 • 145
가매같 평남
가매목 함남, 함북
가매전 함북
감목 함남
감사목 함북
감삼목 함북
고막목 평북
구뚜막 함남
구마같 평남
구막 평북
부(ː)막 함남

부떠막 경북
부떡 경남
부뚜막 강원, 경기, 경남, 경북, 전북, 충남, 충북
부뚝 전남
부뚱 전북
부뜨막 강원, 경기, 경남, 경북, 충남
부막 평남
부수막 전남, 전북
부숭 전남
부숭개 전남
부시짝 전북
불뚜무 경북
비뚜막 황해
솟덕 제주

부지깽이 • 148
부두깨 평북
부두깨이 평남
부디깨 평북
부디깽이 평북
부수깽이 경남
부수때기 함북
부스깨이 황해
부스때기 함남, 함북
부시때기 함북
부적껭이 경북
부주깨이 황해
부주깽이 충남, 충북
부주쨍이 경기
부주땡이 전북, 충북
부즈때기 함남

부지깡 경기
부지깨 평남, 황해
부지깨이 경기, 경남, 평남
부지깽이 경기, 경남, 충남, 충북
부지껭이 경북
부지땅 전남, 전북, 충남
부지때기 함남
부지땡이 경남, 전남, 전북, 충남, 충북
부지뗑이 경북, 제주
분작데기 경북
불도두개 강원
불뗑이 제주
불부지깨 황해
뷔지깽이 강원
비땅 전남
비지깨이 강원
비지깽이 강원
비지땅 전남

부추 • 151
부초 경기, 전북, 충남, 평남, 함남
부추 강원, 경기, 전북, 충남, 충북, 평남
부치 충남, 함남
분:추 경북
분초 강원, 경북, 충북
분추 강원, 충북, 평북
불초 충남
세우리 제주
소불 경남, 전남
소푸 경북
소풀 경남

산등성 충남
산등성마루 경북
산등세이 충남
산뜽성 충북
산마루 강원, 경기
산마루쟁이 평북
산마루태이 평남
산마루테기 경기
산마르테기 경기
산만댕이 경남
산만데이 경북
산말그 평북
산말기 강원, 평북, 함남, 함북
산말랭이 경기, 전북
산말루 강원
산면당 경남
산몰랑 전남
산몰랭이 전남, 전북
산복대기 전북
산봉대기 전북
산봉두리 충북
산봉아리 전남
산봉오리 충북
산상봉 강원, 전남
산ᄆᆞ르 제주
산ᄆᆞ를 제주
상봉 경남
오롬꼭데기 제주
오롬ᄆᆞ르 제주

상추 • 160

단장초 전남
부루 강원, 경기, 경북, 제주, 충남, 충북
부룩 함남
부리 경북
부상추 경남
불구 강원
불기 강원, 함남, 함북
상초 경기, 경북, 전남, 전북
상추 강원, 경기, 경남, 경북, 전남, 전북, 충남, 충북
상췌 경기
상치 경기, 경남, 전남, 충남, 충북
생초 강원, 경북, 충남
생추 강원, 경기
생치 강원, 평남, 평북
쌍추 경남
푸상추 경남
풀쌍추 경남

소꿉질 • 163

거투받노름 함남
도구파리 강원
도갑질 평북
도꼬방사리 평남
도꼽사리 강원
도꼽장난 강원
도꿉질 평북
도꾸방사리 평북
도꿉노리 강원
도꿉장난 황해
돈두께미장난 경북

평북, 함남, 함북, 황해

소냉기 경북

쏘나기 강원, 경남, 전남, 충북, 평남

쏘낙비 경기, 경남, 전북, 충남, 충북

쏘내기 강원, 경기, 전남, 전북, 충남, 충북

쏘닝기 경북

쏘네기 제주

쒜네기 제주

지지 전남

짐벵이 제주

솔개 • 169

닥수리개 함남

바람개미 강원

새치기 전남

소래기 경남, 경북

소루개 충남

소리개 경기, 경남, 제주, 충남, 평남

소리개미 강원, 제주, 충북, 평남

소리기 강원, 경남, 경북

솔개 경기, 평북, 함북

솔:개(이) 전북

솔개미 강원, 경기, 경남, 제주, 충남, 충북, 평남,
　　평북, 함남, 황해

솔개이 충남, 충북

솔게이 경남, 경북

솔깨이 전남

솔깽이 전북

솔베이 경북

수리개 전북, 함남, 함북

술개 평북, 함남

쏠개 전남, 제주

호개이 경북

호리개 전남, 전북

홀개미 경기

홀겡이 충북

수수 • 172

대죽 제주

대축 제주

때기지 강원

밥수끼 함북

밥쉬 함북

수(:) 강원

수꾸 강원, 경북, 충북

수끼 경북, 함북

수수 경기, 충남, 충북, 황해

수쉬 함북

수시 경남, 경북, 전남, 전북

쉬(:) 함남

쉬수 경기, 평남, 황해

쉬쉬 전남, 평북

쉬시 평북

쉬이 함남

시수 평남

시이 함남

쑤수 전북, 충남, 충북

쑤시 경남, 전남, 전북

숨바꼭질 • 175

감출내기 강원, 함남

고볼락 제주

시래기 경남, 전남, 전북, 충남, 충북
시레기 경기, 경북
시리기 경북
실가리 전남, 전북
쒸레기 경기
쓰레기 경기
씨라구 충남
씨락지 충남
씨래기 경남, 전남, 전북, 충남, 충북
씨레기 강원, 경기, 경북, 제주
씰가리 전남, 전북

아지랑이 • 183
땅찌개 전남
땅찜 강원
베또체비 제주
베꾸렝이 제주
벤도체 제주
벤그레이 제주
삼사미 전남
삼새미 경남, 전남, 전북
생당이 함북
생대 함남, 함북
생댕 함북
생댕이 함남, 함북
아무레미 강원, 함남, 황해
아므레미 강원
아스랭이 충남
아시랭이 충남
아즈랭이 강원, 평북
아지라미 경북

아지라이 경북
아지랑미 충남
아지랑이 강원, 경기, 경남, 전남, 전북, 충북, 평
　　남, 평북, 황해
아지래이 함남, 황해
아지래(:) 함북
아지랭이 강원, 전남, 전북, 충남, 충북, 평남, 평
　　북, 함남, 황해
아지렁이 충북
아지레이 경북
아지렝이 경북
알랑게미 경북
애지레이 경북
이지렝이 강원
짐: 전북
짐 강원

여우 • 186
야시 경남, 경북
여께이 강원, 경북
여꽹이 황해
여끼 함북
여수 전남, 전북, 충북
여시 경남, 전남, 전북, 제주, 충북
여오 경기
여위 경기
여호 충남
여후 충남
여히 제주
영깨이 강원
영꽹이 황해

272

영끼 함남
영우 평남
영이 평북
영호 평남
예끼 함북
예수 경북
옝기 함남
옝이 평북

오솔길 • 189
산찔 강원, 전남, 전북
샌길 평남, 평북, 황해
샌질 전남, 전북
소레찔 경북
소로낄 경기, 황해
소리낄 황해
소리찔 경남, 경북, 전남, 전북, 제주, 충남, 충북
오솓길 함남
오솔길 함북
오솔질 함남, 함북

옥수수 • 191
가내수끼 함북
강나미 황해
강낭 경북, 평북
강낭대죽 제주
강낭대축 제주
강낭수꾸 경북, 제주
강내 함남, 함북
강내미 황해
강내이 경기, 경남, 충남, 평남, 평북, 황해

강냉새끼 경남
강냉이 강원, 경기, 전북, 평남
강내 함남
강네이 경북
강능띠 평북
강능오사리 평북
개수기 함북
깡내이 경남, 전남, 전북
당쉬 함남
옥데끼 강원
옥소시 전남
옥수깽이 충남
옥수꾸 경북, 충남, 충북
옥수수 경기, 경남, 충남
옥수시 전남, 전북
옥쉬 함북
옥시기 강원, 충북
옥시끼 강원
옥쑤수 충북

우물 • 194
구렁물 함북
구름물 함북
두룸물 평북
두릉물 평남
디린물 평북
물통 제주
새(:)미 경남
새:물 경남
새미물 경남
새암 전남, 전북, 충남

샘: 경기, 전남, 전북, 충남, 충북
샴: 전북, 충남, 충북
섐: 충북
세:미 경북
솀: 경북
시암 전남, 전북
어물 평남
엄물 평북
우물 강원, 경기, 경북, 제주, 충남, 충북
우물통 제주
운물 경기, 함북
움물 강원, 경기, 경남, 평남, 평북, 함남, 함북, 황해
웅굴 강원, 경북
웅물 강원

이엉 • 197

나람 전남
나래 경남, 전북, 충남, 충북, 함남, 함북
나래마름 경남
날개 전남, 전북, 평남, 평북
닝 평남, 평북
네영 함북
느라미 제주
느람지 제주
느렘이 제주
놀래 제주
마람 경남, 경북, 전남, 전북
마럼 경북
영 강원, 경기, 경남, 전북, 충남, 충북, 황해
영: 강원, 황해
영개 강원, 경남, 충북,

영게 경북, 함북
영구새 충남, 충북
영기 경북, 함남
예영 함남
옝 강원
옝기 함남
이엉 강원, 경기, 충남

좌물쇠 • 200

마물세 경남
마물쎄 충북
새때 전남
쇠 평북, 함남, 함북, 황해
쇠때 강원, 전북, 충남, 충북, 평북, 함남, 함북
쇠통 전남, 전북, 충북, 평북, 함남
시때 경북
쌔때 경남
자물세 경북
자물쇠 강원, 충남
자물쎄 경남
자물통 강원, 경남, 경북, 전북, 충남, 충북
통쇠 전남
통쉐 제주
통쒜 제주

잠자리 • 203

간진자리 전북
꼬부리 전북
나마리 충북
남자리 경남, 경북, 전남, 충북
밤버리 제주

진태 경남, 전남, 전북
진태미 전북
진테 전남, 전북
진티 전남, 전북
질능깨비 충북
짐능깨비 경기
징갈눈 충북
징갈비 충북

진달래 • 209
개(:)꽃 경남
개꽃 전남
계꽃 전남
꼳장다리 경기
신달뤼 제주
신달리 제주
연달레 경북
진다레 경북
진달래 강원, 경기, 경남, 충남, 충북, 함북
진달래(꽃) 전남
진달레 경기, 경북, 제주, 충남, 평남, 평북, 함남, 황해
진달루 강원, 평남, 함남
진달뤼 함남
진달리 제주, 충남, 함남
진지리꽃 전남
참꽃 강원, 경북, 전남, 충남, 충북
참(:)꽃 경남
창꽃 강원, 경기, 충북
창(:)꽃 경남, 경북
천지꽃 함남, 함북

첸지꽃 함북
텐지꽃 함북

짚신 • 212
딥신 평남, 평북
마컬레 평남
머커리 함북
메커리 함북
미터리 경북
베집신 함남
사신 함남, 함북
신발 황해
집새기 경기, 황해
집석 경기, 전남, 충남
집세기 강원, 경기, 전남, 전북, 충남, 평북, 함남, 황해
집시기 경남, 경북
집신 강원, 경기, 경남, 경북, 전남, 전북, 제주, 충남, 충북, 평남
집써기 강원, 경기, 충북
집썩 강원
집쎄기 충북
집씨기 충북
찝신 제주
초신 제주, 평북, 함남, 함북, 황해
털미기 전북
틀메기 경남

팽이 • 215
골뱅이 함남
골팽 함남

해가우리 평남, 평북, 황해
해개부리 함북
해개우리 평남, 황해
해갸우리 황해
해구랭이 평남
해구와리 평남
해라배기 충북
해바라기 경기, 전북, 충남, 충북
해바라지 전남
해바래기 강원, 경기, 경남, 전남, 전북, 충남
해바래기꽃 경기
해바리꽃 경남
해배래기 전북
해보라기 전남
해자바래기 함남
해자바리 강원
해자부래기 함남
해자부리 함북
해자와리 강원
해자우리 강원
해재부리 함북
해즈래배기 함남
헤바라기 경북
헤바레기 경북, 제주

허수아비 • 227
정애비 경기
종애비 경기
허개비 강원
허깨비 강원, 충북
허두재비 평남, 평북

허새비 전남, 전북, 충남
허성애비 충남
허세비 경북
허수애비 강원, 충남, 충북, 함남, 황해
허수에비 경북
허숭애비 충남
허식개비 황해
허애비 강원
허재비 강원, 경기, 경남, 평남, 평북, 함남, 함북,
　　　황해
허제비 경북, 제주, 충북

헤엄 • 231
세염 강원
셤 황해
수염 충남
수영 전북, 충남
시엄 강원, 경기, 경북, 전남, 전북, 충북
시험 전북
헤얌 경남
헤엄 경남, 경북, 전남, 전북, 충남, 충북
헤엠 강원, 함남
헤염 제주, 충북
헤험 경남
헴 경북, 평남, 평북
헴ː 강원, 평남, 평북, 함남, 함북, 황해
혐 함남, 황해
후염 충남
히엄 경기, 경남
히염 강원, 경남, 경북, 전남, 제주
힘 제주

화루 충북, 황해
화루똥 함남
화리 강원, 경기, 평북, 함북, 황해
활똥이 함남

확 • 243

도구통 경남, 전북
도구(통) 충남
돌절구 경기
방아절구 경기
방아확 강원, 경기
방애확 충북
절구 강원
절구통 충북
학(:)돌 전남
학독 전북, 충남
호겡이 제주
호박 강원, 경남, 경북, 함남, 함북
호박돌 경남
호배기 함남, 함북
혹 제주
확 강원, 경기, 전북, 충남, 충북, 평남, 평북, 함남,
  황해
확(:) 전남
확(:)독 전남